泣かない一人旅

吉田友和

ワニブックス
PLUS新書

プロローグ――泣けるけど、泣かない――

泊まりがけでの一人旅は久しぶりだった。仕事に加え、家事や育児に追われる日々の中で捻出した束の間の自分時間。忙しければ忙しいときほど、旅のありがたみは大きい。宿泊先の予約を入れたのは、旅行当日の午前中だ。直前まで予定が見えなかったから、ドタバタしながらの出発となった。

大急ぎで荷物をまとめ、逃げるように家を出た。コンビニで飲み物を調達しつつ、いまさらながらスマホで詳細な行き方を調べた。行き当たりばったりの旅だが、一人だから誰かに迷惑をかけるわけでもない。

紅葉真っ盛りの十一月中旬頃のことだ。お出かけするには恰好の季節と言っていいだろう。向かった先は山梨だった。フト富士山が見たくなり、衝動的に旅を思い立ったのだ。

都会から離れ、内陸部へと分け入るにつれて、景色は徐々に自然豊かなものへ変わっていく。秋も深まる中、美しく色づいた木々に目を細めながら、ゆるゆると目的地をめざすだけで早くももう夢見心地だ。

——今晩は何を食べようか。

——温泉にでも浸かってゆっくりしたいな。

などなど、頭の中では欲望が次々と浮かんでは消えていく。

予算は限られているけれど、使い道は己の裁量次第だから、好きに優先順位をつけられる。どこへ行ってもいいし、何をしてもいい。

究極の自由——これこそが一人旅の最大の魅力だ。

到着したときは生憎《あいにく》の空模様で、富士山は雲にスッポリと覆われていた。落胆したが、気を取り直して旅先での一夜を楽しむことにする。

来る途中でワイナリーに立ち寄り調達してきたワインを開けた。山梨といえば、なんといってもワインである。この際、そう断言しておきたい。

旅先で飲むお酒は、普段とは酔いの回り方が違う気がする。フルボトルは一人で飲むには多すぎるかもなあと身構えていたが、あっという間に空になって自分でも唖然とした。もう一本買っておけば良かったと後悔したほどだ。

酔っ払ってもくだを巻く相手はいないが、絡まれる側のことを思えばかえって好都合と言えるかもしれない。晴れて得た我が身の自由にしみじみと喜びを感じながら味わう至高の一杯。こんなの美味しいに決まっている。

結局、その夜は倒れるようにして眠りについた。にもかかわらず、翌朝は普段よりも一時間以上も早く目が覚めたから自分を褒めてあげたい。貴重な一人時間を寝て過ごすのはもったいない、などという理性が働いた結果だったりもする。

旅先での早起きには、ご褒美がつきものだ。

その日は思いがけず感動的な朝となった。富士山を拝めたのだ。

昨晩は姿を隠していた日本一の山が、朝陽に照らされその雄姿を浮かび上がらせていた。雲ひとつない秋晴れの空が広がり、頂上までクッキリと輪郭が望める。そのあまりの神々しさに、これは夢ではないかと疑い、目を擦ってしまった。

旅をしていると、心を大きく揺さぶられる瞬間がしばしば訪れる。目にするもの、耳にするもの、口にするものに強烈なインパクトを受け、「ああ、来て良かったなあ」と満足感に浸る、旅のハイライト的なひととき。

同行者がいる場合には、その瞬間を共有することこそが旅の醍醐味だったりもする。

泣きたくなるような幸せな瞬間である。

でも、一人ならば泣かない。

泣けるけど、泣かない。

とっておきの体験だからこそ、自分だけの宝物にする価値があるのだ。

*

本書は新書というフォーマットだし、実用的な一冊を目指すつもりでいるが、一方で、細かい理屈は抜きにして、旅そのものの魅力を伝えたいという気持ちが根底にある。初《しょ》っ端《ぱな》からあえて旅のエピソードを綴ったのもそれゆえだ。

さらにいえば、その旅はまさに本書で扱う内容に沿った旅でもあった。

泣かない一人旅――これこそがズバリ、今回のテーマなのである。

単なる「一人旅」ではなく、「泣かない」という部分が重要だ。

「一人旅」という言葉の響きからはロマンチックなものを想像しがちだが、それは幻想にすぎないのではないか、というのが僕の考えである。もしかしたら、ドライな発想なのかもしれない。夢を壊すような発言であることも自覚している。

でも、あえて主張したい。旅なんてただの娯楽であると。

そのことは一人だろうが、二人だろうが変わらない。単なる旅を冒険なんていうのは烏滸《おこ》がましいし、人間を成長させる修行のような要素を求めるのもお門違いだ。ときには泣きたくなるほど感動する場面もあるだろうが、それはあくまでも副産物にすぎず、基本的なスタンスとしては過剰に感傷的になる必要はない。

純粋に楽しいから旅をする。楽しければ、それで十分だ。

旅の計画というものは「５Ｗ１Ｈ」で考えるとわかりやすい。

誰と（Ｗｈｏ）、いつ（Ｗｈｅｎ）、どこへ（Ｗｈｅｒｅ）、何をしに（Ｗｈａｔ）、なぜ（Ｗｈｙ）、どのように（Ｈｏｗ）行くか。

一人旅とはズバリ、これら六つの要素のうち「誰と」を省略したものだ。いささか乱暴な喩《たと》えかもしれないが、同行者はいないわけだから素直にそう定義づけていいだろう。すなわち、５Ｗ１Ｈならぬ４Ｗ１Ｈというわけだ。

さらには、残りの４Ｗ１Ｈをすべて自分だけで決められる点も大きな特徴だ。いや、利点と言い換えてもいいだろう。

自分の好きなタイミングで、行きたいところへ行って、やりたいことをする。なぜ？と問われたら、「自分がそうしたいから」とシンプルに答えればいい。もちろん、交通手段なども自分の都合だけで取捨選択できる。

一人旅をテーマとした本書で扱うのは、主にそれら４Ｗ１Ｈについて。

できるかぎり効率的でかつ、お得に旅できれば、結果的に得られる満足度は高まる。そのためにはどんな点を「工夫」すればいいかを考えていきたい。

これはいつも書いていることだが、旅には絶対的な正解はない。それゆえ、本書で紹介する内容も、自分はこういうやり方をしているという、一つの事例を紹介するスタンスであることはあらかじめ補足しておく。

「旅って最高に楽しいよね」

という当たり前のことを、読者のみなさんと共有できればと願っている。

目次

第七章　一人で快眠するホテル選び

第十章　たとえばこんな一人旅

第一章

〝泣かない一人旅〟のススメ

一人旅のメリットとデメリット

旅の本やガイドブックなどを読むと、どこへ行くかや、何をしに行くか、といった点ばかりが語られている。それらはもちろん大きな関心事だが、加えて誰と行くかも問題だと思う。場合によっては最重要事項にもなり得るほどだ。

筆者のケースでは、最近は家族で旅することが一番多い。子どもが生まれる前は夫婦二人でよく旅していたし、さらには友人どうしで旅をしたこともある。それら同行者がいる旅と比べると、「一人旅」はやはり違った種類の旅といえる。

そこでまずは一人旅のメリットについて整理してみたい。

・行きたいところに行ける
・やりたくないことは一切しなくていい
・予算を自分で設定できる
・人と話さなくていい

・料理の注文で冒険できる

沢山ありそうなので、とりあえず大きなもの五つに絞ってみた。こうして書き出してみると、方向性は一貫していることがわかる。要するに、一人の方が好き勝手に旅できるということだ。どこか現実逃避にも近い。本書冒頭の「プロローグ」でも書いたが、その魅力を一言であらわすなら、「究極の自由」という表現が最もしっくりくる。

一方で、一人旅のデメリットとしてはどんなものが考えられるだろうか。

・誰も案内してくれない
・すべて一人で手配しなければならない
・旅費が割高になる
・話し相手がいない
・料理やお酒のシェアができない

同様に五つ挙げてみたが、前述したメリットがそのままデメリットにもなっている。なるほど、捉え方次第というわけだ。

実務的な部分では一人の方が不利な点が多いのだともいえる。手助けしてくれる人がいるぶん、同行者がいる旅の方が快適である。得られる自由と引き換えに、面倒事もすべて自分一人で処理しなければならない。

どちらがいい悪いという話ではない。趣味や探究心を追求したいなら一人の方が都合がいいし、一人で行くには寂しい場所なら道連れがほしい。旅の目的や気分に合わせて、その都度最適なスタイルを選びたいところだ。

旅の思い出を共有できる非一人旅

仮にこれが海外旅行であれば、一人旅にはさらなるデメリットが出てくる。国によっては危険なところもあったりするからだ。トラブルに遭う確率は一人旅の方が高い。でも、国内旅行であればこの点はさほど意識する必要はないだろう。日本は安全な国なのだ。

さらにはもうひとつ、メリットにもデメリットにもなり得る一人旅の大きな特徴がある。それは、「旅の思い出を誰かと共有できない」ということ。

美しい風景に見惚れたり、絶品のご当地グルメにほっぺたが落ちそうになったりしたとき、同行者がいればその感動を共に語り合うことができる。

「あのときのあれはすごかったね」

と、旅から帰ってきた後も同じ経験を振り返って懐かしむことができる。

この、旅の思い出を誰かと共有できるという点こそが、同行者のいる旅、すなわち非一人旅の最大の魅力ではないかと僕は思っている。

「だったら、SNSで情報発信すればいいのでは？」

という意見もあるかもしれない。一人であっても、旅をしながら写真や動画をアップして、友人・知人に伝えるだけでも案外寂しさが紛れたりもする。

しかし、SNSでの思い出の共有はまた別の話だろう。画面の向こうで「いいね！」をしてくれる人たちは、あくまでも旅の当事者ではない。一緒に旅して、同じ場所で同じ瞬間を過ごした仲間たちとつくった旅の思い出こそかけがえのないものだ。

世界じゅうで自分だけの体験

翻って、一人旅ではどうか。これは勘違いしてはいけないが、「旅の思い出を誰かと共有できない」ことは、必ずしも一人旅のデメリットではないと僕は考えている。やはり、捉え方次第だ。世界じゅうで自分だけが体験した思い出なのだと考えれば、それは途端に尊いものに変わる。誰も知らない内緒のエピソードだからこそ貴重なのだ、という発想である。

そもそも旅の動機からして、一人旅と非一人旅では案外違ったものだったりする。どちらかといえば、一人旅の方が個人的な理由が多い。趣味を追求するような旅に向いているのは一人旅だという話は前述した通りだ。

本書では「泣かない一人旅」を提唱している。ここで言う「泣く」とはどういうことか。言葉を置き換えるなら、「感動する」と言うとわかりやすいかもしれない。思い出の共有に価値を見出しやすい非一人旅では、この「泣く＝感動する」がより重視される。ところが共有不要な一人旅になると、「泣く＝感動する」必然性が下がる。

▲フライト中に偶然目にした富士山が美しく、思わずカメラを取り出した。予期せぬ絶景だからこそ感動も大きなものになる。

それよりも見たい、知りたい、やりたいといった具体的な目的があって、そのうえで旅に出かける。泣きたい＝感動したいから旅するのではないのだ。

もちろん、行ってみたら結果的に感動することは多々あるだろう。予期せぬ展開であればあるほど感動の度合いも大きくなったりもする。

でも、最初からそれを目的とする必要はない。言ってみれば、泣ける要素は副産物である。一人旅に過度にロマンを求めずともよいのでは、と思うのだ。

まずはどこかへ行ってみよう

色々と理屈っぽいことも書いてしまったが、伝えたいことはシンプルだ。「一人旅って最高だよね」という点に尽きる。

どう最高なのかはこれから追々書いていくが、ここではひとつだけ提案。

――とりあえず、どこかへ行ってみてはいかがだろうか？

頭で考える前に実践した方が理解は早いはずだ。一泊でも、日帰りでも、半日でもいい。予算も最小限で構わない。行き先は近場で、持ち物は手ぶらでも全然オーケー。まずは実際に一人旅をしてみてほしい。そうすると、きっとその魅力に触れられる。

できれば、いますぐ実行に移すべしだ。旅に大事なのは勢いである。

仮にこれをいま電車内で読んでいるのなら、そのまま予定を変更して乗り過ごし、終点まで乗り続ける、なんてのもおもしろい。無責任なことを言っている自覚はあるが、冗談ではなく本気で書いている。

かくいう僕自身、実はつい先ほど旅してきたところだ。仕事場へ向かうために駅にいたのだが、フト衝動に駆られ、逆方向に進む電車に乗り込んでしまった。我ながら、何をバカなことをやっているのだろうと苦笑する。これは余談だが、旅の本を書いていると、ついつい我慢できなくなって……というパターンが多かったりもする。

電車で逆方向に進んで終点駅で降りたら、大きな公園があったので気ままに散策を楽しんだ。そうして駅に戻ってきて、手頃なカフェを見つけたので、こうしていまこの原稿を再び書いている。旅したお陰で考えが整理できた。

突発的に発生した旅ではなおさらそうだが、できれば知らない場所へ行く方がいい。近場であったとしても、非日常感が強ければ旅の満足感は得られるはずだ。

一人旅ならば、いつ、どこへ行くかを誰かに相談する必要もない。行った先でも自由だ。旅は思い立ったときが旅どきである。

第二章　一人旅はこう楽しむ

カップルが多い場所は避ける

この章では一人旅を楽しむために、具体的にどうすればいいかを紹介する。極意などというと大げさだが、実体験を元に筆者の考えをまとめられればと思っている。

とはいえ、そもそも一人旅だからといって何か特別なことをするわけではない。遠いところへ行って、珍しいものを観て、美味しいものを食べて帰ってくる。ときには温泉に浸かったり、お土産を買い込んだりもする。旅は娯楽であり、休日を満喫する手段の一つであることは、一人だろうが複数人だろうが変わりないのだ。

などという前提を踏まえたうえで、あえて一人旅ならではの注意点を挙げると、行き先を選ぶ際には自分が一人であることを意識した方が失敗が少ない。一人でも行けるが、どちらかといえば友人や恋人、家族と行った方が楽しめるところは存在するからだ。

僕は写真を撮るのが趣味で、巷で絶景と称賛されるような場所へしばしば足を運んでいる。見晴らしのいい展望台や、海や山に囲まれた景勝地などがとくにお気に入りだ。ところが、そういう場所をあちこち巡っているうちに、意外な共通点に気がついた。

場所によっては、妙にカップルの姿が多いのだ。最初はなぜだろうかと不思議に思ったが、あるとき「恋人の聖地」と書かれた立て看板を目にして腑に落ちた。

恋人の聖地——ご存じだろうか？　日本全国の観光地の中から、「プロポーズにふさわしいロマンチックなスポット」を認定したものだという。

プロジェクトを主催しているのは地域活性化支援センターというNPO法人で、観光庁やJTBなども後援している。集客力の強化や、地域の活性化を目的としているというから、要するに町興しの一種と理解すればいいだろう。

どういった場所が恋人の聖地に認定されているかは、公式サイトにリストが出ている。これは考え方によっては、一人旅に最適ではない観光地のリストと捉えることもできる。周りが幸せそうなカップルばかりの中、一人でいると場違いな気にもなる。

こういう場所に限って、一人で写真を撮っているとよく声をかけられる。

「すみません、シャッター押してもらえませんか？」

大きなカメラを首からぶら下げているせいもあるだろう。もちろん、快く応じて、頼まれもしないのに縦位置と横位置の最低二パターンは撮ってあげる。お役に立てて光栄と思う一方で、少なからず寂しさを覚えるのも正直なところだ。

孤独ではなく単独の旅行者

誤解されたら困るので補足しておくが、別に恋人の聖地そのものに異を唱えたいわけではない。聖地の存在が旅の動機に繋がるのなら、それは素晴らしいことだと思う。紹介したのは単にわかりやすい事例だったからだ。

「カップルばかりいる場所へあえて一人で行かなくても……」

ここで伝えたいのは、ひとまずそういう話である。

リストを眺めてみると、聖地に認定されているのは旅先として魅力的なところばかりだ。実際には一人でも普通に楽しめるだろうし、かくいう僕自身は一人でも行きたいと思えるようなスポットも多い。事実、訪問した場所がたまたま聖地だったことで、その存在を知ったぐらいだ。

前項で書いた内容と矛盾するが、他人は他人と割り切れる人は、気にせず訪れたって

▲クラゲで有名な山形県鶴岡市の加茂水族館。意外なところが「恋人の聖地」に登録されていたりする。

全然問題ない。というより、行きたいところがあるのなら、行くべきだろう。

そもそも、「一人旅は寂しいもの」という考え自体、偏見も多分に含まれている。みんながそう思い込んでいると言ってもいい。「一人旅は気楽でいい」と発想を転換してみるのだ。実際にやってみると、寂しさよりも開放感の方が遥かに大きい。

寂しさを感じるのは、一人旅を「孤独」なものと認識しているからだ。孤独という言葉には少なからず哀愁が漂う。ならば、別の言葉に置き換えてみたらどうだろうか。

たとえば、「単独」と書いてみる。すると、不思議なことに途端に雰囲気が変わってくる。なんだかこだわりのようなものが感じられるのは僕だけだろうか。

登山の世界では「単独行」、ゴルフのランキングでは「単独首位」などと言ったりもする。どちらかといえばポジティブな意味合いで使われている言葉である。

あるいは「ソロ」と横文字にしてみるのもアリだ。昨今は、「ソリスト」などとも言うようになった。本来は音楽の独奏者などを表すものだが、一人で物事を行う人たちのことをそう呼ぶ。一人旅に当てはめてもいいだろう。

同じく現代語としては「ぼっち」という言い方もよく聞く。自虐的な意味合いで使われるが、「ひとりぼっち」から来ているわけだから、どうしても寂しさが感じられる。ニュアンスとしては孤独に近く、ソリストの方が前向きな印象を受ける。

ともあれ、言葉を変えただけで一人旅のイメージが違ったものになる。結局は、旅する者の気持ち次第なのだろう。

旅行中はSNSをあえて封印する

一方で、以前よりも一人旅に対する世間の理解は深まっているようにも感じる。雑誌などでたびたび特集されているし、「おひとりさま限定プラン」を設ける旅館なども珍しくなくなってきた。僕が声高に叫ばずとも、「一人旅は寂しくない」という発想自体は共通の認識になりつつあるのもまた実情だろう。

その理由のひとつに、ＳＮＳが普及したことが挙げられる。旅先からスマホで写真をアップしてコメントが付いたりすると、やはり嬉しいものだ。一人で旅していても、画面の向こうには友人たちがいて、自分の旅模様を見守っていてくれる。寂しさを紛らすには最高のツールと言える。

しかしながら、ＳＮＳには一長一短があるのも事実だ。とくに旅行中は過度の依存は禁物ではないか、というのが最近の僕の考えである。

ＳＮＳにハマりすぎると、やがてＳＮＳ中心の旅になってくる。訪れる場所や食べるものなども、ＳＮＳ映えするかどうかで選んだり。投稿にコメントが付いたら、観光を中断してまで急ぎ返信したり。気楽なはずの一人旅なのに、画面の向こうにいる人たちに気を遣うようなことにでもなれば本末転倒である。

そもそも写真を選別、加工したり、記事を書いたりするだけでも結構な労力を要する。せっかく旅行に来ているのに、それらの作業に貴重な時間を消費するのはもったいない。

実は僕自身、以前は旅行中にＳＮＳをフル活用していた。過去にはメディアなどでＳＮＳを礼讃するような発言をしたこともある。だから、あまり偉そうなことは言えないのだが、自戒の念を込めてこれを書いている。あるとき気がついたのだ。向き合うべきは目の前に広がるリアルの風景であり、スマホの小さな画面ではないと。

もちろん、各自の価値観にもよる。とにかく誰かに構ってほしいという人には最良の手段であることは確かだし、コミュニケーションではなく記録のために使うのも手だろう。その特性を理解したうえで、理性的に活用したいところだ。

普段と違う髪型や服で旅する

前章で、自分だけの思い出がつくれるのが一人旅の魅力だと紹介した。僕がＳＮＳに投稿しないのは、それもひとつの理由といえるかもしれない。同行者がいないのだから、どんな旅をしたか知るのは自分のみだ。ならば誰にも言わず、ＳＮＳでも公開しなければ、その思い出を永遠に独り占めできる。

秘密の旅だからこそ価値がある――これぞ一人旅の究極の極意だ。

旅行というのは、見知らぬ土地へ行く行為であるから、秘密づくりにはまさに最適だったりもする。自分のことを誰も知らない場所に身を置くのは結構快感だ。お忍びなどと言ったら大げさだが、実際、知り合いにバッタリ会うようなこともない（絶対にないわけではないが……）。

いっそのこと、普段とは違うキャラづくりをしたっていいだろう。それもまた一人旅だからこそ可能な芸当といえる。

たとえば、旅先で髪を切るのはオススメだ。日々忙しくて、髪を切りに行く暇がないというような人なら、旅と散髪を同時に行えて一石二鳥。現地の美容師さんと会話をする楽しみもある。きっと素敵な旅の思い出になるはずだ。

あえて着替えを持っていかず、現地調達するのもいい。服が違うだけでも、気分はガラリと変わる。いわば、変装するような感覚である。なんだかワクワクしてくるはずだ。

いつもと違う自分になりきることで、旅＝非日常を心ゆくまで満喫するのだ。

着替えを持たないと荷物が減るのも利点である。手ぶらは無理としても、カバンはなるべく小さなものがいい。身軽な方が何かと好都合だし、一人旅の開放感も増すはずだ。

趣味をとことん追求しよう

秘密の一人旅では、誰かに気兼ねする必要はないし、すべてを自分の好き勝手にできる。かくなるうえは、とことん趣味に走るといい。ガイドブックに載っている名所を順番に巡るようなありきたりな旅ではなく、オリジナリティのある内容にするのだ。

たとえば、以前にプロ野球の試合を観戦しに一人で札幌まで行ったことがある。クライマックスシリーズの重要な一戦だったが、九回裏、まさかの逆転満塁ホームランで幕を閉じたから、わざわざ飛行機に乗ってまで観に行った甲斐があった。

とはいえ、そこまで熱烈なファンというわけではなく、どちらかといえば北海道旅行の名目のようなところもあった。寿司やラーメン、スープカレーなどなど、北の大地ならではの絶品グルメを味わいつつ、勝利の美酒に酔いしれる。結構前の話だが、いま思い返してもあれは最高の旅だったと断言できる。

スポーツ観戦などは、趣味を追求した旅の典型例といえるかもしれない。応援するチームがあれば、遠征先へ足を延ばすだけで価値がある。

この点、野球よりもサッカーファンの方が気合が入っている印象も受ける。僕の友人にはサッカー好きの旅人が何人かいるが、彼らは国内はもとより、海外にまで勢いよく出かけていく。二〇一八年にはロシアでワールドカップが開かれたが、当たり前のように現地へ飛んでいる者が何人もいて感心させられた。ロシアなんて北海道よりもさらに北の先ではないか。

あるいは、お城巡りなんかも個人的なライフワークのひとつだ。歴史、とりわけ戦国時代が大好きで、小さい頃から小説やドラマなどに触れて育ってきた。城跡というのはロマンがあって、天守がなくとも石垣や堀だけでも正直結構萌えるものがある。

憧れの武将たちが築いた城の跡地にたたずみ、在りし日の雄姿に想いを馳せる。お城ならば全国各地にあるし、観光気分も味わえるため旅との親和性は高い。城のほかに古戦場なども同様の楽しみ方ができるだろう。

そういえば、「お城EXPO」というイベントへ行ったときのこと。その名の通り、お城をテーマにした展示会なのだが、二〇一八年はどんぴしゃでクリスマスの時期の週末に合わせる形で開かれた。

「クリスマスにお城か……、来るのはきっともの好きな人だけだろうなあ」

などという我が予想に反して、会場は大いに盛り上がっていて度肝を抜かれた。お城ファンを侮ってはいけないのだ。

ほかにもアニメやゲームといったポップカルチャーに日常的に親しんでいるお陰で、作中に登場する舞台を訪問するような旅もたまに敢行している。過去の著書でも何度か書いているが、僕自身はオタク気質なところがあって、この分野にはとくに目がない。

たとえば、富山県の南砺《なんと》市にP・A・WORKSという業界では有名なアニメスタジオがあるのだが、すぐそばに併設されたカフェで、作品とコラボした「コラボカフェ」が開催されるというので行ってみたことがある。そういうきっかけでもないと、たぶん訪れることは一生なかったであろう街なのだが、自然に囲まれた風光明媚なロケーショ

▲映画『君の名は。』の聖地巡礼では飛騨古川を訪れた。美麗な映像が旅先を見つけるきっかけにもなる。

ンに心を奪われた。

いわゆる聖地巡礼の旅は、趣味の度合いが一層強まる傾向がある。

「あの名作はこんなところでつくられたのだなあ……」

と、身をもって理解する。幸せな時間である。興味のない人にはまったくピンとこないだろうが、ファンにとっては忘れられない体験になるはずだ。

以上、いくつか事例を紹介した。旅の目的というのは具体的であればあるほどいいと思う。趣味を追求するような旅はとりわけ目的がわかりやすい。

第三章　来週末こそ旅をしよう

いつなら行ける？　来週末は？

皆さんは、旅行の計画はいつ頃立てるだろうか？

半年も前からあれこれ予約を入れるようなマメな人もいれば、出発直前になってバタバタと手配をする人もいるだろう。僕自身はどちらかといえば後者である。

「ああ、どこかへ行きたいなあ……」

そんな風にフト思い立ったとしたら、そのまま勢いに乗じて旅立ってしまう。熱しやすく冷めやすいタイプなので、気持ちが盛り上がっているうちに行く方が上手くいくのだ。フットワークが軽いですねえ、などと褒められることもあるが、見方によってはただ単に計画性がないのだとも言える。

「直前」がどの程度を指すのかは、人によって感じ方が異なるかもしれない。

具体的に書くと、早くて出発の一ヶ月前である。遅いときには数日前や、それこそ前日ということもあるが、それらは極端なケース。平均するとだいたい二週間前ぐらい。

その週の週末ではなく、翌週の週末に向けて旅を計画するイメージである。

実は、この「来週末の旅行」というのは理想的だ。

来週末ならば、現実味のあるスケジュール感で旅を計画できる。近すぎず、遠すぎない未来である。それなりに日程に余裕はありつつも、旅行に対するモチベーションが下がらない程度には近日と言えるのではないだろうか。

仮に今週末の旅行だとすると、不可能ではないとしても、それなりに慌ただしい出発となる。すぐに行きたいのはやまやまながら、できればもう少し準備期間がほしい。平日は忙しくて旅の計画なんて立てられない人でも、来週末の出発ならば、それまでに週末を一度挟むため、心理的にも余裕が生まれるはずだ。これが結構大きい。

「計画はいつ頃立てるだろうか？」という冒頭の質問は、「いつなら行けるだろうか？」と言い換えてもいい。旅は行きたいときが行きどきであり、同時に、行けるときも行きどきである。旅をするなら、来週末がちょうどいい。

一週間前ならまだまだ間に合う

来週末に旅行をしようと決めたとする。続いて交通機関や宿をどうするかなど、具体的に計画を練ることになる。何曜日に決めたかにもよるが、少なくとも一週間以上はまだ猶予がある。この一週間以上前というところが大きなポイントだ。旅行を手配するにあたって、一週間前ならばまだまだ十分に間に合うからだ。

たとえばパッケージツアーに申し込むとして、飛行機利用のツアーでは多くの場合、出発七日前まで受付可能となっている点に注目したい。土曜に出発するとしたら、前週の土曜まではギリギリ申し込みができる計算である。それを過ぎると、もう申し込み自体不可能。つまり、「今週末の旅行」になると間に合わないというわけだ。

七日前というのはＪＡＬやＡＮＡの規定で、旅行会社にかかわらず一律でそのように決まっている。以前は十日前までだったのだが、二〇一四年四月に規定が変更され七日前までとなった経緯がある。利用者からすれば、緩和措置と言えるだろう。

ただ、これはあくまでもＪＡＬとＡＮＡを利用するパッケージツアーの話だ。二社以

▲成田空港にLCC専用の第3ターミナルがオープンして以来、一人旅ではLCCを利用する機会がグッと増えた。

外の航空会社では、期限がもう少しゆるい。

近年はＬＣＣ（格安航空会社）が普及したことで、ＪＡＬやＡＮＡ以外の空路の選択肢も増えている。さらには、列車やバスといった航空便以外の交通手段を利用するツアーだとギリギリでも間に合う。

　もちろん、パッケージツアーを選択肢から除外するのであれば、七日前までという縛りはなくなる。ＪＡＬやＡＮＡを利用するとしても、航空便とホテルを自由に選択するダイナミックパッケージなどでは七日前の規定は適用されない。ほかにも、ためたマイルで特典航空券に換える場合、以前は四日前が期限だったルールが二〇一八年より変更され、出発前日でも申し込めるようになった。

今週末はじっくり作戦を練る

スマホが普及して以来、ちょっとした空き時間にネットで旅のあれこれを調べられるようになった。たとえば、通勤電車の中で航空券の値段や空き状況を確認したり、自宅のソファでゴロンと横になりながら宿のクチコミ情報をチェックしたり。もちろん、いい条件のものが見つかったらそのまま予約も入れられる。いつでもどこでも気軽に旅の構想を練られるわけだ。

とはいえ、実際に旅へ出るとなると、決めるべきことは案外多い。平日の空き時間にひとまずリサーチを進めつつも、最終的には休日に腰を落ち着けてじっくり検討したい、という人も多いのではないだろうか。

来週末の旅行だとしたら、その一週間前、すなわち今週末は作戦を練る時間にするといい。前述した通り、一週間前ならまだ選択肢はたくさん残っている。予約サイトによっては「直前予約」と称して、キャンセル分などが割安な料金で売り出されることもある。出遅れたとしても、あきらめるのは早計だ。

ちなみに、「計画」ではなく「作戦」と書いたのには意図がある。旅にはどこか攻略するような要素が含まれるから、自分としてはその方がしっくりくるのだ。

いわば、一人作戦会議である。交通機関や宿の予約はすでに済ませていたとしても、当日に立ち寄りたいスポットをピックアップしたり、ランチをどこで食べるかなど具体的な行動プランを考えてみる。休日らしくお酒でも飲みながら考える、なんてのも楽しそうだ。

さらには旅の持ち物で必要なものが判明した場合でも、まだ猶予がある。この週末を利用して、買い物をしに出かけるのもいいだろう。

一週間前というのは、旅の準備をするのにもいいタイミングなのだ。「来週末の旅行」がますます好都合なものに思えてくる。

慎重な旅よりも、勢いのある旅を

人によっては、出発一週間前だと遅いと感じるかもしれない。もちろん、用意周到に準備できるのなら、それに越したことはないだろう。多くの場合、旅行の費用というのは前もって予約をした方が安く済む。航空便の早割などはそのいい例だ。

コスト的な問題だけでなく、予約時期は空席や空室の有無にもかかわってくる。例外はありつつも、基本的には早めに動いた方が有利なのは間違いない。

しかしながら、それらのことは重々承知の上で一週間前をあえて推したいのである。行きたいなあと思い立ち、その熱が冷めないうちにパパッと予約をしてササッと旅立ってしまう。あまり深いことは考えずに、高いテンションを維持したまま実行に移すのが吉と出る。大切なのは、「勢い」なのではないかと思うのである。

ひとつ言い訳をするならば、何ヶ月も先の予定なんて分からない、という現実的な問題も当然ある。直前になって予期せぬハプニングが生じたりして、行けなくなったら悲しすぎる。キャンセル料を支払うのも馬鹿らしいし。

旅を思い立つのは、フトしたことがきっかけだったりする。テレビや雑誌、ウェブの記事の影響だったり、誰かにオススメされたり。大概は、偶発的な巡り合わせである。

僕自身の話をすると、たとえば駅に貼ってあるポスターに触発されることが案外多い。鉄道会社がプロモーション目的で作成した、いわば広告の類いなのだが、これが自分的にはツボで、しょっちゅう旅心をくすぐられている。

ターミナル駅のコンコースを歩いていると、美しい風景写真が目に留まる。普段ならば忙《せわ》しなく通り過ぎるところを、思わず足を止めてしまう。そうして、「ああ、なんて綺麗な風景なんだろう。行ってみたいなあ……」と、遠い目になるのだ。

ポスターには撮影地がどこなのかが記載されている。気になったらスマホで検索してより詳細な情報を入手する。その際、行き方も漏れなく調べる。こうして次の旅の行き先候補の仲間入りを果たす、というわけだ。

駅貼りのポスターはひとつの例である。何が言いたいかというと、旅なんてそれぐらい気軽な感じでいいのではないか、ということ。感覚としては、ある種の「衝動買い」に近い。旅こそ衝動買いが似合うと僕は思う。

第四章　満足できる旅先の選び方

「どこへ行くか」と「何をするか」

どこかへ旅に出かけようと決めたとする。では、その「どこか」をどのようにして選べばいいのか。

別に難しく考える必要はない。

行きたいところへ行く——シンプルだが、これが理想だ。

行きたいところが具体的に思い浮かばない人でも、自分が見てみたいものや、してみたいことなど、なんとなくの方向性みたいなものはあるはずだ。旅先を選ぶ際には、そういった己の欲求に素直に従えばいい。

具体例として一つエピソードを紹介すると、茨城へ滝を観に行ってきたときのこと。日本三名瀑《めいばく》のひとつとして知られる「袋田《ふくろだ》の滝」が目的地だった。

夏真っ盛りの暑い時期の話だ。気温は連日三十度を超えており、外を歩いているだけで体が焦げそうなほど。それゆえ、避暑を目的とした旅だった。滝を選んだのは、涼しげなスポットへ行きたかったからだ。

なお、行き先が茨城だったことには深い理由はない。

ちょうど三連休に重なるタイミングだったので、有名な観光地だと渋滞に巻き込まれる懸念があった。茨城ならば都心からそう遠くないし、近隣の他県と比べて空いてそうな気がしたのだ。というより、空いていると確信していたのが正直なところだ。これまでも困ったときの茨城という感じで、しばしば茨城へ足を向けてきた。常磐《じょうばん》自動車道方面は、実は穴場である。

つまり極端な話、滝であれば、行き先は別に茨城でなくても構わなかったわけだ。結果的にこの選択は正解だった。三連休とは思えないほど茨城の道は空いており、ストレスのない旅となった。肝心の滝自体も満足のいくもので、水流が醸し出す涼しげなビジュアルにすっかり心癒やされ、体感温度はグッと下がった。

行き先を選ぶ際には、「どこへ行くか」だけでなく、「何をするか」を明確にすると上手くいく。すなわち、旅のテーマのようなものである。

旅の4W1H、どれを優先するか

行き先のアテがとくにないのならば、自分が何をしたいかで選べばいい。前項で書いたのは、要するにそういうことだ。言うなれば、「目的ありき」の旅である。

一方で、自分が行きたい場所の候補から旅先を選ぶ、という人もいるだろう。あるいは、旅を思い立った時点で、どこへ行くかが決まっているケースも考えられる。こちらは、「行き先ありき」の旅と言えるだろうか。

僕自身はどちらかといえば目的ありきの旅が多めだが、行き先ありきで旅を計画することももちろんある。その際のきっかけは、外的要因によるところが大きい。

たとえば、以前にマイレージの特典航空券でたまたま席がとれたから、という理由で山口県へ行ったことがある。三連休で混雑していて、ほかの路線はすでに空席がまったくなかった。茨城同様、山口もまた穴場と言えるかもしれない。

海外旅行でためたマイルで国内線の飛行機にタダで乗るのは旅人の常套手段だ。何万円もする航空券代が節約できるとなると、それだけで行き先選びに大きな影響を及ぼし

▲角島大橋の絶景は観に行って良かった場所のひとつ。

たりもする。

　とはいえ、別に妥協したわけではないのだと、念のため書いておく。たとえ空席があったとしても、まったく興味のない場所を旅する気にはなれない。山口県、密かに行ってみたかったのですよ。

　インターネットのクラウド上に「行きたいリスト」というメモを作っていて、自分が行ってみたいスポットを一覧にしている。その中に山口の名所がいくつも入っていた。角島《つのしま》だったり、秋芳洞《あきよしどう》だったり。きっかけこそマイルながら、自分としてはあくまでも「行き先ありき」の旅なのである。

　本書の「プロローグ」では、旅の４Ｗ１

Ｈについて紹介した。本項で書いているのは、それら五つの要素のうち、自分がどれを優先するのかという話でもある。「目的ありき」はＷｈａｔ、「行き先ありき」はＷｈｅｒｅといった具合だ。

行き先ありきで旅を計画する

引き続き事例を紹介すると、つい先日は北海道行きの飛行機やら、到着した後に借りるレンタカーやらの手配をしていた。ただし、ホテルの予約はしていない。純粋な旅行ではなく、帰省だからだ。実家が道内にあるのだ。

帰省とはいえ、北海道まで行くとなると、気分的にはいつもの旅行とほとんど同じである。まだノープランではあるのだけれど、時間があれば途中で温泉へ入ったり、ウマいものを食べたりもしたいなあ、などと漠然と考えている。

これはまさに、「行き先ありき」の旅と言えるだろう。実家を訪れるという具体的なミッションがあるから「目的ありき」なのだとも言えるが、いずれにしろまずは実家という特定の場所を訪れなければならない。ゆえに、「行き先ありき」である。

北海道は「行き先ありき」の旅先になりやすい土地だとは思う。日本国内の旅行先としては沖縄と並んで別格の存在感を放つ。「北海道へ行きたい」という動機だけで旅する人だって少なくないだろうし、土地の個性が強いのは間違いない。

ほかにも例を挙げると、JR東海の「そうだ 京都、行こう。」という有名なキャッチコピー。あれなんかはまさに、「行き先ありき」のわかりやすいイメージだと思う。何はともあれ、まずは京都へ行くことが前提になっているからだ。

「そうだ 京都、行こう。」は二〇一八年に二十五周年を迎えたそうだ。それだけ長きに渡って支持されてきたのは、やはり京都だからだろう。古くは「上洛」という言葉もあったほどの人々の憧れの地である。京都もまた「行き先ありき」で選ばれやすい旅先だ。

「そうだ ○○、行こう。」の、○○の部分を各自でアレンジするのもおもしろいかもしれない。沖縄でも、北海道でも、もちろん山口でもいい。行きたいところ、行けるところを旅するのだと決意表明してみる。「目的ありき」と比べると具体性に欠けるが、それゆえにむしろ、「行き先ありき」の方が勢いのようなものは感じられる。

価格だけで選ぶのはもうやめよう

「目的ありき」と「行き先ありき」では、旅の形は少なからず違う物になる。といっても、別にどちらが良い悪いという話ではない。どちらもアリだろうし、そのときどきで変わってくるのが自然だ。もちろん、目的も行き先も両方定まっていると、なお良い。それこそが理想的な旅の在り方ではないかと思う。

逆に、目的も行き先も両方とも不明確だと、旅は上手くいかない可能性も出てくる。どこでもいいのならば、わざわざ遠出せずとも近場で済ませてもいいだろう。とくにやりたいこともないのならば、無理に旅をしなくても……という気がする。漠然とし過ぎるのも問題で、ある程度の主体性はやはり必要なのだ。

たとえば要注意なのが、ただ単に「安かったから」という理由で旅を決めるパターン。ほかの商品とは違い、旅行の満足度は必ずしも価格に比例しない。安さは大きな決定要因ではあるものの、僕の経験上、価格だけで選ぶのはあまりオススメできない。

旅行会社のツアーパンフやウェブサイトを見ると、デカデカと価格が表示されていたりする。「沖縄二泊三日で19800円！」とか、そんな感じで。やはり価格が安ければ安いほどインパクトが強く、宣伝効果も出てくる。

「おおっ、そんなに安いのなら沖縄もいいかもなあ」

消費者としては、ついそういう思考をしがちなのだが、これがしばしば失敗の元になる。「沖縄へ行きたい」ではなく、「沖縄でもいいかも」だと旅へ臨む姿勢が大きく違ってくる。妥協して旅先を選んだせいで、楽しめないとなると本末転倒だ。

一人旅は個人旅行が向いている

別に、「価格ありき」の旅を否定するわけではない。あらかじめ用意されたツアーパンフ＝カタログから選ぶから、こういうことが起こり得るのだと思う。

僕自身は個人旅行が主で、ツアーを利用することはあまりない。

個人旅行では移動手段やどこに泊まるかなど、すべてを自分で組み立てていく。それゆえ、カタログから選ぶやり方よりも自分の意志が反映されやすい。万が一何か不備が生じたとしても、自分で選んだのだからとあきらめもつく。個人旅行の方が、わがままな旅人向けなのだろうと自覚もしている。

本書で扱う話題はどちらかといえば個人旅行に関するものが多い。ツアーについてもしばしば触れるが、交通手段と宿泊だけが付いたフリープランなど、自由度の高いものが中心だ。ツアーは二人以上で参加しないと割高だったりするので、一人旅だとなおさら個人旅行になびいてしまうという事情もある。

旅行はツアーでしか行ったことがないという人も、これを機に個人旅行にトライしてみてはいかがだろうか。お仕着せのツアーでは不可能な旅を、自分の手で作り上げていくのは最高に楽しい。旅のオリジナル性が高ければ高いほど、実現したときに得られる達成感も大きくなるはずだ。

行って観る、行って食う、行って買う

頻繁に旅行をしているものの、テーマはいつもバラバラだし、とくに信念のようなも

のを持ち合わせているわけでもない。正直あまり偉そうなことを言える立場ではないのだが、強いて旅人としてのモットーを挙げるなら次の通りだ。

――行って観る、行って食う、行って買う。

この話をし始めると、「なぜ旅をするのか」という根本的な疑問にぶつかってしまう。「観る」「食う」「買う」のいずれもが、いまでは旅をせずとも実現可能だからだ。

便利な時代になった。観光名所の写真や映像は検索すればすぐに観られるし、大抵のご当地グルメは東京でも食べられるし、欲しいものはほぼネット通販で手に入る。わざわざ旅をする意味を見失いそうになるのも仕方ない。

でも、そんな便利な時代だからこそ、僕はあえて旅をしたい。

ひとつエピソードを紹介すると、熊本へ行ってきたときのこと。熊本といえば、二〇一六年四月に発生した大地震の記憶も新しい。阿蘇では橋が崩落し、天下に名高い熊本城も石垣が崩れるなど甚大な被害を受けた。ニュース映像をテレビで見たときはショックを受けたものだ。

旅に出たのは、あれから約半年が経過した九月頃のことだった。熊本へは少しずつ観光客が戻りつつあると聞いていたが、実際のところどうなのだろうかと気になっていた。そこで、思い切って現地まで行ってみることにしたのだ。

きっかけは「ふっこう割」である。地震の影響を受けた九州地方の観光産業を支援する目的で実施された割引制度だ。クーポンを利用することで宿泊費やツアー代金が大幅にディスカウントされる仕組みで、格安で旅できるのが魅力だった。

往復の飛行機とリゾートホテルへの宿泊がパックになった約四万円のツアーが、ふっこう割のお陰で約二万六千円まで下がった。約三分の一もの金額が割り引かれた計算になる。好奇心に加え料金の安さにもつられる形で、僕は熊本へ旅立ったのだ。

早朝の便で羽田から熊本へ飛び、レンタカーで阿蘇をドライブして一泊。翌日は熊本市内を観光して羽田へ戻るという短期旅行だった。地震の爪痕は想像以上に生々しく残っていて胸を痛めたが、商店などはほぼ通常通り営業していた。

地震の被害状況をこの目で見て、熊本ラーメンを食べ、くまモングッズを買うという内容の旅だった。わざわざ行かずとも現地の情報は得られるし、熊本ラーメンは東京でも食べられるし、くまモングッズもどこにいても手に入る。けれど、わざわざ行くこと

▲熊本城へはその後さらに半年後にもまた訪れる機会があった。一日も早い復興を願っている。

で理解し、納得できることもある。
――行って観る、行って食う、行って買う。
繰り返しになるが、いま一度書いておく。
旅人は現場至上主義なのだ。

第五章　空の旅のお得な予約術

交通手段と宿、どちらを優先？

具体的に旅を計画するにあたって、最初に何から手を付ければいいだろうか？

これが仮に海外旅行だとしたら、答えはシンプルだ。ほぼ一択と言っていいだろう。最優先すべきは航空券である。個人旅行ではなくツアーであっても、予約の際には飛行機の座席が空いているかどうかがまず第一関門となる。

日本は島国で、列車やバスで外国へ行くことはできない。船で渡航する可能性は考えられるが、例外的だろう。海外旅行をするのならば、何はともあれ、飛行機の予約を入れるところから旅が始まる、というわけだ。

一方で国内旅行になると、どうだろうか。

根本的には海外旅行と違いがないと僕は思う。国内であれば、飛行機だけでなく、新幹線や特急列車、場合によっては高速バスなどさまざまな選択肢が浮上する。とはいえ、いずれにしろ交通手段を確保することには変わりない。

そう、旅の予約をするうえで、最初に確保すべきは交通手段である。

「いやいや、まずは泊まるところから決めるよ」

中にはそんな風に反論をする人もいるかもしれない。確かに僕も宿から先に予約を取ることもある。とくに温泉旅行だと、そうすることが多い。その宿に泊まれないと意味がないわけで、自ずと空室状況が優先されるわけだ。

これは国内旅行ならではの現象と言えるかもしれない。海外旅行ではそこまで宿泊場所が優先されることはないだろう。最初に目的地が決まって、そのうえで泊まる場所を候補の中から選ぶやり方がきっと普通というか、多数派だと思われる。

ともあれ、基本的にはその場所までどうやって行くかを考えることから始めることになる。旅先によっても最適解は異なってくる。そもそもどういった種類のアクセス方法が可能なのか、それぞれどんな長所や短所があるのかを見極めつつ選択していく。

旅には必ず移動が伴う。ならば、交通手段の確保は最優先事項と言っていいはずだ。

上限金額からお得度を見極める

というわけで、まずは交通手段の予約方法について考えてみる。

実際に予約するうえで、何よりも気になるのは価格だろう。当たり前の話だが、旅費は安く済むに越したことはない。

価格を見極める際に、僕には指針としていることがある。

それは、まずは定価がいくらなのかを確認するということ。表示されている価格のパッと見の数字だけで、高いか安いかを判断してはいけない。元の料金と比べて、どれぐらい安くなっているかで判断すべきだろうと思うのだ。

乗り物の運賃なので、定価という表現は適切ではないかもしれない。要するに、上限価格である。最も高い場合だといくらになるかを把握するのだ。

わかりやすい例として、羽田〜那覇の航空便の運賃を取り上げてみたい。

まったく割引されていない、いわゆる正規運賃は、ＪＡＬは片道四万五千八百円。二〇一九年二月、繁忙期ではないローシーズンの価格だ。ＡＮＡはいまは正規運賃さえも変動制になっているが、同じ日程だと四万三千五百九十円だった。

ＡＮＡの方が安いが、往復だとＪＡＬの場合には往復割引が適用され、片道分は四万一千二百円となる。ＡＮＡでは変動制へ移行した際に往復割引が撤廃された。

いずれにしろ、少なくとも往復八万円以上はかかることになる。沖縄旅行で飛行機だけで八万円以上——率直に言って高すぎると思う。仕事の出張なら仕方ないとしても、レジャー利用では現実的ではないというか、正直なところ僕ならこの金額では行かない。八万円以上というこの価格はあくまでも上限である。実際に自分が利用する場合には、なんとかもっと安い金額で行けないか試行錯誤することになる。

複数の航空会社の料金を比較する

引き続き、沖縄旅行を例に検証していきたい。

価格優先なのであれば、ＡＮＡやＪＡＬ以外の別の航空会社も選択肢に入ってくる。沖縄へはいまではＬＣＣも多数就航するようになった。そこで、東京（羽田・成田）発、那覇行きのすべての直行便を料金比較してみたい。

二〇一九年二月二十三日（土）に出発し、二十五日（月）に戻ってくる二泊三日のスケジュールで検索した。結果を次ページの表Aにまとめたので、これを見てほしい。

結論から書くと、最も安いのはバニラエアの往復一万六千七百二十円であった。続いて、ジェットスターの一万八千四十円となっている。いずれもLCCだが、これらは荷物の預け入れや座席指定などのオプションを付けていない素の座席のみ。LCCでは必ず徴収される発券手数料は込みの最終金額だ。

日にち次第では金額が変動し、順位が逆転するケースも見られたが、二社共に概ね一万円代後半、二万円以下が目安のようだった。ともあれ、さすがはローコストを謳っているだけあって、価格だけ見れば圧勝と言えそうだ。

LCCには及ばないものの、スカイマークも比較的割安な料金設定だ。二万五千五百八十円は安すぎず、高すぎず、といったところか。見方によっては中途半端な価格帯とも言えるが、LCCではないことを考えると健闘している方だと思う。LCC二社が成田発なのに対して、スカイマークは羽田発である点も大きなアドバンテージだ。

〈表A〉 東京(羽田・成田)〜那覇[往復]			
航空会社名	発着地	料金	料金種別
バニラエア	成田	16,720円	シンプルバニラ
ジェットスター	成田	18,040円	「Starter」運賃
スカイマーク	羽田	25,580円	いま得
JAL	羽田	49,400円	特便割引3 タイプC
ANA	羽田	49,980円	バリュー(3日前まで予約可)
JAL	羽田	82,400円	普通(往復割引)
ANA	羽田	87,180円	フレックス(普通運賃に相当)

一方でＡＮＡやＪＡＬになると、価格帯がグッと上がってしまう。ここでは現実的に利用可能なものとして、出発三日前まで予約できる割引運賃を選択している。数百円の金額差はあるものの、両社共にほぼ五万円が相場のようだ。スカイマークの約二倍、最安値であるバニラエアの約三倍。こうして改めて整理してみると、大きな金額差があることがわかる。

なお、これらは行きも帰りも同じ航空会社を利用したケースだが、別に往復で購入する必要はない。行きと帰りで別々の航空会社を選ぶことで、さらに価格を抑えることもできる。

参考までに書いておくと、今回の条件で最も安かったのは、行きにバニラエア、帰りにジェットスターを利用するパターンだった。計一万四千七百五十円。沖縄まで一万五千円以下で往復できることになる。上限金額の八万円からはだいぶ下がった。

沖縄・北海道へはLCCがお得

こうして表にして比較してみると一目瞭然だ。LCCの安さが際立っている。ただ、LCCが安すぎるというよりも、ANAやJALが高すぎるような気もしてくる。

ANAやJALでは原則、早めに予約すればするほど料金が安くなる仕組みだ。いわゆる早割料金である。ANAが「スーパーバリュー」、JALが「先得割引」という名で設定されており、最大で約八割引きと、普通運賃と比べると大幅に安く購入できるのが魅力だ。

ただし、これらの早割は予約期限がかなり早く、旅行の間際となると残念ながら利用できない。予約期限が比較的ゆるいものとして、ANAは「バリュー」、JALは「特

〈表B〉 東京(羽田・成田)〜札幌(新千歳)[往復]			
航空会社名	発着地	料金	料金種別
ジェットスター	成田	10,680円	「Starter」運賃
春秋航空	成田	12,380円	スプリング
バニラエア	成田	14,260円	シンプルバニラ
スカイマーク	羽田	18,320円	いま得
エアドゥ	羽田	31,320円	DOバリュー3
ANA	羽田	50,720円	バリュー(3日前まで予約可)
JAL	羽田	51,600円	特便割引3 タイプC

便割引」という名で別の割引運賃を設定している。こちらならば前日や三日前まで予約可能で、直前でも購入できるのが最大の利点だ。

71ページの表Aに記載したANAおよびJALの料金も、これら直前でも使える割引の金額である。現実的には最も利用しやすい運賃ではあるが、スーパーバリューや先得割引と比べると割引率は落ちる。LCCと比較すると、勝負にならないレベルで高くなってしまう。

ちなみに、ほかの路線はどうなのか。沖縄とは逆方向、北海道へ行く場合の運賃も調べてみた。東京（羽田・成田）〜札幌

（新千歳）の往復運賃である。日程などの条件は同じだ。こちらも同様に表B（前ページ）に整理したので掲載しておく。

今回の検索条件では、一番安いのはジェットスターという結果になった。沖縄路線には就航していない春秋航空、そしてバニラエアの順でLCC三社が続く。

LCCよりも少し値段が上がると、スカイマーク、エア・ドゥがあり、それらからはさらにグッと高い価格帯にANAやJALが位置する。細かい順位はともかくとして、料金の傾向としては沖縄路線とほぼ同じと言えそうだ。

ANAとJALはまたしてもほぼ横並びで、値段は五万円強。最安値のジェットスターと比べると三倍以上も高い。

もちろん、安いだけあってLCCでは不便な部分も多い。座席指定や荷物の預け入れなど、ANAやJALでは無料のサービスも有料オプションだったりして、それらを追加していくとトータルの金額は結構バカにならないものになる。そもそも、LCCは成田発着、LCC以外は羽田発着なのでこの時点で大きな違いもあったりする。

逆にいえば、それらLCCならではのデメリットを割り切れるのであれば、「LCC

でいい」という結論になる。いや、「ＬＣＣがいい」と書くべきか。これほどの金額差があるのなら、不便を覚悟のうえでもＬＣＣを選びたくなるのが正直なところだ。

抜け道はダイナミックパッケージ

沖縄および北海道に関しては、ＬＣＣで行く方法が最も安くなる。ここまでで、そのことは明らかになった。

しかしながら、ＬＣＣがベストなのかというと、結論を下すのはまだ早い。

「安いのはうれしいけど、ＬＣＣはできれば避けたいなあ……」

などと尻込みする人もきっと少なくないだろう。僕自身も割り切ってＬＣＣを選ぶ機会が多い一方で、できればより快適なＡＮＡやＪＡＬに乗りたい気持ちも強い。

ＬＣＣほどの激安価格は無理だとしても、ＡＮＡやＪＡＬにもう少し安く乗ることはできないのか――つい、そんな欲が出てくる。

これが、できるのである。

突破口となるのはツアーだ。航空券単体で購入するよりも、宿泊するホテルがセットになったツアー商品の方が割引率が高い。

とくに狙い目なのが、ダイナミックパッケージだ。いわゆるパック・ツアーとは異なり、航空便や宿泊施設を自由にカスタマイズできるのが特徴で、ツアーとはいえほとんど個人旅行のような感覚で旅を組み立てられる。

ダイナミックパッケージは大手旅行会社のほか、ＡＮＡやＪＡＬのサイトからも申し込める。ＡＮＡは「旅作《たびさく》」、ＪＡＬはそのものズバリ「ダイナミックパッケージ」という商品名で販売している。航空会社による、いわば直販ツアーなので、変更などの融通が利きやすかったり、マイルがたまりやすいなどのメリットもある。

何よりも魅力なのは、その予約期限だ。ダイナミックパッケージでは、なんと出発前日まで申し込める。さらには七日前までなら割引率が高くなる。間際になって思い立った旅でも対応可能なのは大きな利点だ。

サンプルとして、前述した航空券比較とまったく同じ条件で沖縄旅行、北海道旅行の料金を調べてみた。往復の航空券に宿が付いたツアーのトータル金額である。同じ航空便でも宿泊施設によって価格は変動するので、最安クラスのもので比較する。

まず沖縄だが、ＡＮＡおよびＪＡＬともに三万四千八百円となった。二社がまったく同じ金額なのに驚いたが、それよりも注目すべきは価格だ。先述した通り、航空券単体で購入すると約五万円。それが、二泊分の宿代込みで三万四千八百円なのだ。安い。めちゃくちゃ安い。あまりにも安すぎて、数字を見て一瞬我が目を疑ったほどだ。

ダイナミックパッケージで選択できる宿は、最安クラスでもそこそこ名の知れたホテルがラインナップされている。格安とはいえ、泊まるのに不安が募るようなボロ宿ではない点は補足しておきたい。

ちなみにホテル予約サイトで、同じホテルの同日程の宿泊費を調べたところ、二泊で一万四千円前後が相場だった。単純計算はできないものの、仮にツアー代金から宿単体の代金を引くと、片道の航空券はわずか一万円程度と計算される。ＬＣＣの料金にも負けないコストパフォーマンスの高さだ。

続いて同様に北海道のダイナミックパッケージも調べてみると、こちらも最安値のホテルは同じところだった。ただし、ＡＮＡは二万八千三百円なのに対し、ＪＡＬは三万三千三百円と料金に差が生じている。

ダイナミックパッケージの価格はタイミング次第で変動する。出発日によっては料金が逆転するケースも見られた。いずれにしろ、新千歳までは航空券単体でも五万円以上することを考えれば、沖縄同様ツアーの方がずっとお得であることがわかる。

マイルの特典航空券がより便利に

航空券選びで低価格を追求していくと、やがてもう一つの解決方法が思いつく。何かというと、マイレージを使った特典航空券である。特典ならば、格安どころかタダで行けてしまう。マイルがたまっているのなら利用しない手はない。

国内線の特典航空券であれば、ＡＮＡ、ＪＡＬのいずれも往復一万マイル程度から交換できる。各自の生活スタイルにもよるが、その程度ならば、まったく飛行機に乗らずとも、クレジットカードのポイント移行などだけでも達成可能だろう。

特典航空券は長らく予約期限が出発の四日前までとなっていたが、二〇一八年一〇月にJAL、ANA共にルールが変更され、前日でも予約可能になった。

これは一人旅のような気ままな旅をする者にとっては歓迎すべき変更点だ。これまでは、急に思い立った旅だと有償で購入せざるを得なかったし、その場合には値段も割高だった。ギリギリでも間に合うのはありがたい。

また、これは個人的な実感だが、間際の予約であっても空席が高確率で出てくるようにもなった。以前は直前だとなかなか思うように座席が確保できなかったのだ。

特典航空券用の座席数は便によって決まっている。座席自体は空いていたとしても、特典用に開放されている座席が少なかったりする。ましてや週末となると、熾烈な争奪戦であった。

ところが、近頃は前日に検索しても驚くほど空席が出てくる。まだルールが改正されたばかりだから、大盤振る舞いとして空席を多く出しているのだろうか、などと邪推してしまうほどだ。

とはいえ、予約時期や路線によっても状況は違ってくるだろう。特典用の座席は流動的で、いったんは満席になったものの、後日調整が入って空席が出てくることもある。

どうしても利用したいなら、根気強くチェックを続けるのは常套手段だ。

特典航空券の予約期限が大きく改善された一方で、ルール変更により改悪となった点もある。個人的に残念なのは、搭乗当日に早い便に空きがあっても振り替えできなくなったこと。とくに帰りの便では、早く空港に着いたから前の便に乗りたいというシチュエーションが案外あるので、この変更は痛かったりする。

LCC、ダイナミックパッケージ、マイレージと、ここまで色々と書いてきた。絶対的な正解は存在せず、ベストチョイスはその都度変わってくる。

もちろん、安ければ安いほどありがたいわけだが、必ずしも安さだけを優先してはいけない。大切なのは価格と内容のバランスである。

第六章　鉄道旅で自分時間を満喫

空港ではなく駅から始まる旅

空港へやってくると、それだけでもう気分が高揚してしまう。大きな荷物を抱えた人々が右に左に行き交い、ターミナル内には英語のアナウンスが響く。フライトボードにズラリと並ぶ出発便のリストから、自分が乗る便を見つけてニンマリする。「これから旅に出るのだ」という実感が湧いてくる、あの空間が愛おしい。

翻って、列車の駅はどうだろうか。

たとえば新幹線に乗るために東京駅へ辿り着いたとする。在来線のホームから駅構内へ降りた時点では、正直なところまだそれほど旅気分にはなれないでいる。駅なんて日常的に利用しているわけで、普段から見慣れている光景だからだ。

けれど、新幹線専用の改札を抜けたあたりで、少しずつテンションが上がっていく。「そうか、今日は遠出するのだなあ」とようやく普段とは違うという事実を把握する。そうして流線形フォルムのN700系車両に乗り込み、座席の上の荷台にえいやっとカバンを置いた頃にはもう、「これから旅に出るのだ」という実感が湧いているのだ。

空港だと一瞬にして旅モードへ切り替わるのに対し、駅ではじわりじわりと時間をかけてモードが移行するのだろう。ともあれ、出発の舞台という役割自体は同じだ。

前章では航空券の取り方にページを割いてきた。引き続いて、本章では鉄道のお得な切符の話などをしていきたい。空港ではなく駅から始まる旅について。

陸路の旅には、空路とはまた違った魅力がある。

北上する旅なら「えきねっとトクだ値」

鉄道旅の場合も、基本的な考え方は飛行機と同じだ。上限金額を確認し、そこからどれだけディスカウントされるかでお得度を見極めるといい。

ここでいう上限金額とは、すなわち通常運賃を指す。乗車券と、利用する場合には特急券の合計金額である。普通に駅へ行って券売機や窓口で切符を買った場合、なんら割引がされていない通常運賃＝上限金額で乗車することになる。

いわば、定価である。別に損をしているわけではないのだが、なんだか悔しい。

「もっと安くならないかなあ……」

ついそんな思考をしてしまうのは、もはや旅人の性《さが》といえるだろうか。

鉄道の運賃に関しても、やはり抜け道は存在する。

例として、東京から金沢への移動を取り上げてみたい。なんで金沢なのかというと、この前行ってきたばかりだからだ。北陸へは以前ならば飛行機で向かうのが定石だったが、二〇一五年に北陸新幹線が開業したおかげで陸路も実用的になった。

北陸新幹線は、かがやき号やはくたか号など種類がある。違いは自由席の有無などで、運賃金額は変わらない。通常期は東京～金沢間は乗車券が七千三百四十円、指定席特急券が六千七百八十円で計一万四千百二十円である。繁忙期には指定席特急券のみ二百円上乗せされる。僕が乗車したときは繁忙期だったため、合計で一万四千三百二十円が正規運賃であった。

ところが、実際には計一万二千八百八十円で済んでしまった。「えきねっとトクだ値」(以下、トクだ値）という割引切符を購入したからだ。乗車券および指定席特急券がそれぞれ約十パーセント割引された形になる。格安とまでは言わないものの、元の金額がそこそこするので、十パーセントでも案外バカにならないと感じた。上限からの差額は千四百四十円、往復だと二千八百八十円である。

えきねっとはJR東日本によるウェブ・サービスだ。トクだ値は、このえきねっと限定の割引運賃である。上越・北陸新幹線のほか、東北・山形・秋田・北海道新幹線にも対応している。一方で、東海道新幹線は非対応である。基本的には首都圏から北上する路線で使える割引切符と覚えておくといいだろう。

なお、乗車の十三日前の深夜までの購入ならば、さらに割引率が高くなる「お先にトクだ値」という運賃も存在する。仕組みとしては飛行機の早割と似ている。

トクだ値は、新幹線以外でも海外旅行へ出かける際の成田エクスプレスの予約で僕はよくお世話になっている。さらには、各種在来線の特急にも対応している。在来線であれば、なんと最大四十パーセントも割引になる。関東近郊へJRの特急列車でお出かけするケースでは、このトクだ値でほぼ決まりである。

たとえば勝沼のワイナリー巡りをするのに、新宿発の特急かいじ号の切符をトクだ値で申し込んだことがある。かいじ号では三十五パーセント引きとなっており、勝沼ぶどう郷駅まで往復七千六百円（休日料金）のところ四千九百四十円にまで下がった。浮いたお金で美味しいワインをお土産に買い、ホクホクであった。

安いだけでなく、ネット予約には利点も多い。駅の窓口に並ばずとも済むし、画面上で座席レイアウトを表示させて好きな席を選べるのも地味に便利だ。トクだ値はJRが自ら提供しているだけに、公式の割引運賃といえる。この点、金券ショップなどに出回っている割引切符よりも、いざというときの安心感もある。

東海道・山陽新幹線はツアーきっぷで

普通に切符を買うのが馬鹿らしくなるほどお得な「えきねっと トクだ値」だが、弱点もある。とくに残念なのは、東海道新幹線に対応していないことだ。

東海地方や近畿地方へ公共交通手段で移動するのなら、やはり新幹線が圧倒的に快適だし、効率の面でも優れている。それゆえ自ずと利用機会が増えるのだが、あいにく公式での割引は期待できないわけだ。

では、東海道新幹線に少しでも安く乗りたい場合、どうすればいいか。

奥の手として僕がしばしば利用しているのは、「ぷらっとこだま」だ。ＪＲ東海ツアーズが販売しているツアー商品で、乗車できるのが「こだま号」に限定されるものの、運賃が大幅にディスカウントされる。たとえば東京～新大阪間ならば、通常は計一万四千百三十円のところ、一万五百円で乗れてしまう。差額は四千円近く、往復すると七千円以上も割り引かれるのはかなりデカイ。

東海道新幹線では最も高速な「のぞみ号」には非対応なので、急いでいる場合には使いにくい。さらには、こだま号でもツアー用に割り当てられている座席数が限られているため、満席で乗れないこともある。けれど、旅の内容次第で上手く活用できると節約効果は大きい。

注意点としては、普通の切符とは違い、あくまでもツアー商品であるため、変更や払い戻し等の規定が異なる。購入は窓口ならば前日まで可能で、当日の購入はできない。駅構内の売店でドリンクに引き換えられる券が一枚付いてくるのも特徴だ。ささやかながら、乗車前にビールを入手するのも密かな楽しみである。

▲山陽新幹線のこだま号には2018年まで「エヴァンゲリオン新幹線」が走っていた。2019年現在は「ハローキティ新幹線」が運行している。これら特別列車にもバリ得こだまでお得に乗車可能だ。

僕自身は主に京都へ行く際にぷらっとこだまを利用している。京都までは片道一万三百円だ。ちなみに大阪ならば、いまは成田からLCCも就航しているし、競争が激しいせいかJALやANAも比較的安価なので、僕は空路で行くことの方が多い。

ぷらっとこだまを分類するならば、「ツアーきっぷ」などと称するとわかりやすいかもしれない。ツアーとはいえ、宿や観光が付いているわけではなく、乗り物のみ（飲み物は付くが）なので、感覚としては切符を購入するのと変わりない。

似たような商品としては、山陽新幹線の「バリ得こだま」を以前に利用したことがある。日本旅行が販売しているもので、こちらは割引率がぷらっとこだまよりもさらに高い。この前、新大阪～博多間を移動したら、七千七百円で乗れてしまった。通常は約一万五千円なので、なんとほぼ半額である。

バリ得こだまでも、利用できるのは同様に「こだま号」に限定される。そのぶん移動時間がかかるのだが、列車の旅を楽しむのだと割り切って利用するといいだろう。

青春18きっぷの旅はクセになる

海外旅行から帰ってきて成田空港からJRに乗ろうとすると、「JAPAN RAIL PASS」の宣伝ポスターをよく目にする。新幹線を含む日本全国のJR線がほぼすべて乗り放題という夢のようなパスである。

驚きなのはその料金だ。有効期間別に複数種類の設定があるのだが、一週間有効のものので二万九千百十円となっている。初めて知ったときには「えっ！」と驚きの声を上げてしまったほどだ。東京から大阪まで単純往復するだけでもそれぐらいの金額である。

あまりにも安すぎる。

実は羨ましくて仕方ないのだが、これは訪日外国人向けに売られている切符である。誠に残念ながら、日本人は購入できない（長期海外在住者など一部例外あり）。

乗り放題タイプの割引切符は、僕もよくお世話になっている。いわゆる「フリーきっぷ」である。利用条件や対応エリアなどが細かく決まっているがゆえに、研究する余地や攻略のし甲斐がある点も旅好きの琴線に触れる。

JAPAN RAIL PASSほどの割引率は無理だとしても、誰でも利用できるフリーきっぷがいくつか売られている。たとえば、かの有名な「青春18きっぷ」などは代表的な存在と言えるだろう。新幹線・特急を除くJR全線が乗り放題となるフリーきっぷだ。一枚で五回（五日でも五人でもOK）まで使用でき、一万一千八百五十円となっている。一回あたり二千三百七十円と考えると、これほどお得な切符はない。

「青春」と付いているものの、年齢を問わず利用できる。青春なんて言葉を振りかざすのにはもはや抵抗を覚える年代に差し掛かったが、いまだに毎年欠かさずこの青春18きっぷで旅をしている。我が国内旅行ライフの中でも「本命旅」のひとつだ。

フリーきっぷは、エリア内であればどこまで乗っても定額である。つまり、遠くへ行けば行くほどお得になるわけで、僕のようなタイプは、ついつい元を取ろうと躍起になってしまうのもいつものことだ。

これまでに最も遠いところで、一日で東京から広島まで移動したことがある。早朝に家を出て、延々電車を乗り継いで、その日の夜に到着した。欲張ればさらに先へ進むこともできそうだったが、お好み焼きなど広島のグルメを満喫したくてそこで切り上げた。翌日以降も西進、南下を続け、その旅では結局、鹿児島まで行ったのである。ワケあって途中で一部区間だけ特急列車に乗るなどのズルもしたのだが、ほぼ鈍行だけで日本を半分縦断したことになる。我ながら、酔狂な旅だったなあと回想する。

それはまあ極端な例なのだが、自分の感覚だと大阪ぐらいまでなら余裕かなあ、といった感じ。実際、東京〜大阪間の移動には何度も利用している。

とはいえ青春18きっぷは利用時期が限られるので、常に活用できるわけではない。春夏冬の年三回、ホリデーシーズンに売り出される。僕自身は基本的に夏に利用するのがお約束になっている。

北海道&東日本パスの利点

前項で例として挙げた大阪や広島は、東京から見ると西側に位置する。一方で東京から東側、つまり東北や北海道へも青春18きっぷで当然行けるし、実際に僕自身何度も行っているのだが、もし北海道まで目指すのなら場合によっては別の選択肢も浮上する。

「北海道&東日本パス」である。

金額は一万八百五十円。販売・利用期間は青春18きっぷとほとんど同じで、春夏冬の年三回。仕組みは青春18きっぷと似ているが、その名の通りエリアが北海道と東日本に限定される点がまず異なる。使用できるのは連続する七日間で、青春18きっぷのように日程を分けて使ったり、複数人で共用することもできない。

そういったルールを聞くと、なんだか青春18きっぷの劣化版のような印象を受けるのだが、このパスならではの利点もある。急行列車に乗車可能なほか、JRだけでなく一部の第三セクターの路線にも対応している点だ。

具体的には、IGRいわて銀河鉄道や、青い森鉄道に乗れるのが大きい。JRだけで

▲陸路で北上し、海を渡って北海道へ上陸。途方もなく長い道のりだけに函館駅に到着したときの達成感は大きい。

日本の東側を縦断しようとすると、岩手県や青森県あたりで行き詰まるケースがままある。これら第三セクターの路線が使えると、効率良く北進できるというわけだ。

なんだか乗り鉄っぽい話が続いていて誤解を受けそうだが、別に僕自身はマニアでも何でもない（と自分では思っている）。また、決して暇人向けの旅ではないことも強調しておきたい。

以前に北海道&東日本パスで北海道を目指したことがあるが、途中盛岡と函館で一泊して帰りは新千歳空港から飛行機で帰ってきた。すなわち、二泊三日の旅である。それぐらい短期のスケジュールでも実現可能だし、十分に楽しめる。

フリーきっぷで旅をする場合には、そのきっぷならではのルートを心がけると上手くいく。地方の第三セクターの路線なんてまさに代表例だろう。滅多に乗る機会がないので、パスをきっかけにしてぜひ利用してみたい。

この手の切符はそのコストパフォーマンスばかりに目が行きがちだが、実際にどんな風に活用できるかが肝心だ。

お得なフリーきっぷを狙え

ほかにもフリーきっぷは色々と種類がある。毎年発売されるような定番モノだけでなく、突如として新しいきっぷが登場したりもするので、アンテナを張っておきたい。

たとえば、「JR東海&16私鉄 乗り鉄☆たびきっぷ」はなかなかおもしろい企画だなあと思った。JR東海と近隣の私鉄が乗り放題になるもので、別途特急券だけ購入すれば新幹線を含む特急列車にも乗車可能（ただし、制限あり）なきっぷである。

ＪＲ東日本ではなく、ＪＲ東海というところがポイントで、そのせいか東海道新幹線に乗るなら東端は熱海駅となる。東京からだと通しでは利用できないのは残念だ。ちなみに西端は米原《まいばら》駅なので、大阪からでも利用不可である。

一方で対応する私鉄は十六社もあり、静岡県や愛知県の路線が充実している。長良川《ながらがわ》鉄道のような元の運賃が高い路線でも使えるのは魅力的だ。

長良川鉄道の沿線には郡上八幡《ぐじょうはちまん》があって、かれこれ数十回は訪問するほど個人的に馴染み深い。長良川鉄道で旅するなら超オススメの街である。そんな風に特定の目的地があって、ピンポイントではまるケースではこのきっぷが効力を発揮しそうだ。

乗り鉄☆たびきっぷは土休日の連続する二日間でのみ利用可能で、料金は大人八千四百八十円となっている。目に見えて格安というわけではないが、使い方次第だ。青春18きっぷのようにできるだけ遠くを目指すというよりは、乗り降りする回数が増えれば増えるほどお得になるタイプのきっぷと言えるだろう。

東京からでも使えるものとしては、「週末パス」というフリーきっぷもある。土休日の連続する二日間だけ利用でき、特急券の別途購入で新幹線にも乗車できるなど、乗り鉄☆たびきっぷとシステムは似ている。料金も八千七百三十円と同じぐらいだ。

　週末パスは、対応するフリーエリアが結構広く、太平洋側だと関東から仙台を越えて石巻《いしのまき》や女川《おながわ》、北はくりこま高原あたりまで乗り放題となっている。日本海側も新潟や酒田、直江津《なおえつ》まで行ける。ＪＲだけでなく地方の私鉄や第三セクターの路線にも一部対応している。

　話を進めるにつれ、青春18きっぷの日本全国から、対応エリアがどんどん狭くなってきたわけだが、さらに狭いフリーエリアのものとしてＪＲ東日本の「休日おでかけパス」を最後に紹介しておく。こちらはだいぶローカルなきっぷになる。エリアは東京近郊に限定されており、北は宇都宮や高崎よりも手前となっている。

　料金は二千六百七十円。このきっぷを利用して、新宿駅からフリーエリアの端っこの一つである足利駅まで行ってきたことがある。同じ区間を普通に乗車すると往復で四千円程度するので、ずいぶんとお得に旅ができた。

　休日おでかけパスは有効期間が一日のみである。行き先によっては、普通に乗車するよりも安く済む。日帰りの小旅行で上手く活用したい。

鉄道旅でもダイナミックパッケージ

前章では飛行機にお得に乗る方法の一つとして、ダイナミックパッケージについて触れた。航空便とホテルを好きに選択できる自由度の高いツアー商品なのだが、近年は飛行機だけでなく列車でも同じ仕組みの商品が登場している。ＪＲ東日本が発売する「ＪＲ東日本ダイナミックレールパック」である。

どういうものかというと、ＪＲ東日本の新幹線や在来線特急列車と、旅館やホテルを組み合わせてツアー化できる商品だ。飛行機のダイナミックパッケージ同様、需給状況に合わせて価格が変動するのが最大の特徴で、予約タイミングや利用期間によってはかなりお得に旅ができる。

予約・購入は「えきねっと」で行い、駅の指定席券売機できっぷや宿泊施設のクーポンを発券する（郵便受け取りも可）。ツアーとはいえ、窓口に並ばずに好きなときに予約・購入・発券まで済ませられる。手軽に利用できるのも魅力だ。購入期限が出発前日の午後六時までとゆるめなので、突発的な旅にも対応している。

また、一泊三日や、一泊四日といった変則的な日程も組むことができる。ツアーで予約する宿は一泊だけにして、残りは各自で手配する形である。たとえば帰省のついでに旅行をするケースなどが考えられるだろうか。

さらには、往路の目的地と、復路の出発地が異なるルートも可能だ。周遊型の旅行で、レンタカーで移動したい場合など、有効な利用シーンは結構あるはずだ。

いずれにしろ、パッケージツアーとは違い、ダイナミックパッケージなので自由度は高い。というより、個人旅行とほとんど同じ感覚で利用できるので、ツアーは苦手という人でも気兼ねなく利用できるのではないだろうか。

試行錯誤しながらルートを練る

実際にどんな旅程が可能なのか、そしてどの程度お得なのか――実例を挙げて検証してみる。次ページの図にまとめたのでこちらを参照してほしい。

東京駅から出発し、世界遺産の平泉を観に行くツアーだ。一泊二日で行きは一ノ関《いちのせき》ま

ダイナミックレールパックで
1泊2日の世界遺産・平泉ツアー

■往路（土曜）
07:16 東京発 → 09:30 一ノ関着
東北新幹線はやて119号

■復路（日曜）
17:07 盛岡発 → 19:56 東京着
東北新幹線はやぶさ112号

■宿泊
ホテルサンルート一関
禁煙シングルまたはツイン／
1泊朝食付き／1名利用

合計 23,100円（税込）

▲切符だけを買うよりも安い。一ノ関〜盛岡間は各自で移動。行きは朝に出発して帰りは夜と無駄のないスケジュールなのも魅力だ。

で、帰りは盛岡から乗車する変則ルートだ。盛岡のような都市部であれば別途ホテルを予約しても比較的安く上がる。それゆえ、ダイナミックパッケージでは一ノ関のホテル一泊を手配する形でチェックしてみた。

　驚いたのはその価格だ。なんと二万三千百円。画面を見ながら「安っ」と声が出た。同じ区間の新幹線の切符を普通に購入すると二万七千九百七十円である。列車代だけでもう元が取れてしまう。破格と言っていいだろう。

　ダイナミックパッケージでは、まったく同じ区間に乗車し、同じホテルに泊まったとしても、日程によって料金が結構大きく変動する。さらには同じ日であっても、乗る列車によって金額が違う。条件をさまざまに変えながら何度も検索し、少しでもお得なパターンを探すべしだ。掘り出し物を探すような感覚で楽しめる。

ちなみにJR東日本以外にも、JTBグループのるるぶトラベルが、「新幹線ツアー・ダイレクト」という名でダイナミックパッケージを販売していることも紹介しておこう。こちらは利用できるのが新幹線に限られる。JR東日本と競合する形になるが、利用者としては選択肢が多いに越したことはない。併せてチェックしたいところだ。

ここまで色々と書いてきたが、鉄道だと飛行機よりも工夫する余地が大きくなるなあ、というのが実感である。割引の仕組みや、きっぷやツアーのルールなどを理解し、上手く応用できればと願う。時刻表を眺めつつ、路線検索サイトを活用しつつ、旅の計画を練るのは楽しいものだ。

ついでに書いておくと、そんな風に試行錯誤しながら、細かくルート決めができるのも、我が国の鉄道がきわめて時間に正確だから、という事情を忘れてはならない。

外国ならばこうはいかない。以前にヨーロッパをユーレイルパスというフリーきっぷで周遊旅行したことがあるが、遅延や運休は当たり前といった感じで、予定通りにはことが運ばなかった。

安心して鉄道旅が楽しめるのは日本だからこそなのだ。そういう意味では、鉄道旅こそが国内旅行の醍醐味なのだとも言えるかもしれない。

第七章　一人で快眠するホテル選び

一人旅向けの宿とはどんなところか

本章ではホテルや旅館に関して最適解を考えていく。旅するうえで、どこに泊まるかは重要な問題だ。それこそ旅の成否を左右すると言っても大げさではない。

そもそも、一人旅向けの宿とはどんなところだろうか。カップルや友人、家族で旅行するときとは選択する基準が異なってくるはずだ。

宿を選ぶときは、自分が何を優先させるかをハッキリさせると上手くいく。部屋なのか、お風呂なのか、食事なのか。もちろんすべてにおいて文句なしというのが理想だが、予算に限りがあるとしたら、ある程度は妥協する部分も出てくる。

具体的な例を少し挙げてみよう。広いけど古い部屋と、狭いけど新しい部屋——仮に選択肢がこの二つだとしたら、どちらを選ぶか。部屋の広さに関しては、予約サイトなどでも平米数が必ず明記されている。

自分なら、ずばり後者。一人旅ならば、空間自体は狭くても一向に構わない。それよりも気になるのは機能性だ。傾向として、新しいホテルの方が総じて設備が整っており快適という印象である。

たとえば、Ｗｉ-Ｆｉ環境。僕はテレビはほとんど観ないが、ネットの動画配信サービスは旅行先でも割とよく利用する（映画やドラマ、アニメなどを観ている）。だから、なるべく電波の繋がり具合が良好で、回線スピードが早い方がいいのだが、この点は新しいホテルの方が秀でていることが多い。

もちろん、新しいからといって必ずしも綺麗というわけではない点は補足しておきたい。逆に、古くても丁寧に清掃しているところも沢山ある。温泉旅館などで老舗の風格を求めるなら、あえて歴史ある宿を選ぶのもいいだろう。

Ｗｉ-Ｆｉの使い勝手や、部屋の清潔具合などは宿の公式情報や写真で基本スペックを見ただけではわかりにくいので、利用者のクチコミをチェックするのも手だ。とくに一人で泊まっている人の書き込みがあれば参考になる。

ホテルを選ぶ際には、旅のテーマに合わせて選ぶのも定石のひとつだ。

たとえばお祭りを観に行くなら、なるべく会場へ出やすい立地がいい。港町など海の近くに滞在するなら、部屋からの景観は気になる。真冬に北国を旅するなら、温泉や大浴場の有無は大きな違いになる。いずれにしろ、実際に旅するときの状況を思い浮かべながらシミュレーションしていくと失敗は少ない。

古めのシティホテルがコスパ良し

前項で書いた内容と矛盾するようだが、場合によってはあえて広くて古い部屋を選ぶこともある。県庁所在地ではないものの、そこそこ規模の大きな地方都市に泊まるときに多い。そういう街には、昔ながらのシティホテルが存在し、内容の割に宿泊代金が安かったりするからだ。

街のランドマーク的存在で、結婚式場を併設しているようなホテルである。イメージとしては、「なんとかグランドホテル」みたいな名前のところ。

一泊当たり四千円～六千円ぐらい。だいたい五千円前後が目安だろうか。価格帯としてはビジネスホテル並みなのに、グレードはワンランク上のシティホテルに該当するわけで、古ささえ気にならなければ、これほどお得な宿泊先はない。

▲一般的なビジネスホテルと比べて少し広めの部屋。ソファがあるだけでも快適さが違ってくる。

ビジネスホテルは家具や調度品が案外チープだったりするが、シティホテルになるとそれらのクオリティも見るからに上がる。駐車場は広いし、空港やターミナル駅と市街を結ぶシャトルバスの発着場になっていることも多い。

古いホテルだけに、部屋の鍵がカード式ではなく棒に鎖で吊したタイプだったりするが、これも実は好都合だ。カード式の部屋では、入口横のスロットにカードを入れることで電源がオンになる。外出時にカードを抜くと部屋の電源もオフになるため、電子機器を充電したい場合などは結構不便なのだ。

ほかにもカーテンが破けていたり、壁紙が剥がれていたり、なんてこともあるが、一人旅だと許容範囲は広くなる。安く泊まれるのならそれぐらいは全然目をつぶれる。大事なのは価格と内容のバランスだ。

予約サイトではなく地図から探す

宿探しをネットで行うのが当たり前になって久しいが、具体的な検索方法などは時代に合わせて少しずつ変化してきた。技術が進歩するにつれてウェブの使い勝手が良くなり、以前よりも確実に探しやすくなったと実感している。

同じ日付、同じ宿、部屋や食事の有無などがまったく同じ条件だったとしても、予約方法によって支払う料金は変わってくる。当然ながら、利用者としては一円でも安く泊まりたいわけで、複数の予約サイトを比較検討するのはもはやセオリーといえる。

自分の場合、これまで最も利用頻度が高かったのは「じゃらんｎｅｔ」と「楽天トラベル」だ。いずれも国内最大手のホテル予約サイトだから、説明は不要だろう。次点として「Ｙａｈｏｏ！トラベル」あたりもたまに利用したが、大半の予約は二大サイトで済ませてきた。継続利用しているとポイントがたまるからという理由もあるが、なんだかんだいって大手だけに安心で、取り扱う宿の数が多い点も魅力だった。

ところが、それも過去の話になりつつある。近頃は別の方法で宿を予約することが増えてきたのだ。これは、そもそもの宿の検索の仕方が変わったせいだ。

最近はどのようにして宿を探しているのかというと、使用するのは主にグーグルマップだ。行き先周辺の地図を開き、「ホテル」というキーワードで検索する。すると、検索窓の下に日付や人数などを入力する欄が現れ、地図上に空室のある宿を表示できる。予約サイトではなく、地図から直接検索するというわけだ。

宿を選ぶ際に自分が最優先させる条件は、ずばり立地である。

都市部であればターミナル駅や繁華街に近いところ、田舎でもお目当ての観光地などに移動しやすいところ。どんなに素敵な宿でも、アクセスが不便な場所だと躊躇してしまう。とくに一人旅のときはなるべく身軽に動き回りたいので、旅の拠点として効率の良さそうなところにあるかどうかは重要なポイントとなる。

▲グーグルマップで宿探し。場所から選んでいくやり方は効率がいいと感じる。

立地重視で宿探しをしたい者としては、地図上から検索できるのは非常に便利だ。その宿がどこにあるのかが一目瞭然なのだ。外観や部屋などの写真も見られるし、ストリートビューで周辺の雰囲気も事前に確認できる。宿の公式サイトへのリンクも張られているし、書き込まれたクチコミ情報も参考になる。

肝心の料金に関しても、システムが複数の予約サイトから自動的に調べてくれるので簡単に比較検討できる。その宿を予約するうえで最安値がどこなのかを教えてくれるわけだ。リンクをクリックすれば、該当するサイトでそのまま予約まで行える。

地図から泊まる場所を選ぶと、実際に旅するときの情景をイメージしやすい。少なくとも現状では、自分にとってベストな宿探しのツールになっている。

外資系予約サイトからの予約

地図から宿探しをするようになって分かった事実がもう一つある。それは、大手予約サイトが必ずしもお得ではないということ。知名度的にはマイナーといえそうな中小サイトが、実は料金的には安かったりするのだ。

とりわけ近年、存在感を増しているのが外資系の予約サイトだ。有名なところだと「エクスペディア」や「ブッキングドットコム」など。あるいは「アゴダ」「トリップドットコム」なども最安値クラスとしてしばしば目にする。

外資系のホテル予約サイトは、個人的にはこれまでも海外旅行の際に頻繁にお世話になってきたが、国内旅行では使い勝手がいまいちというのが実感だった。

ところが、状況は変わってきている。日本国内の宿泊施設の取り扱い件数が急激に増えており、国内の予約サイトよりも料金が安いケースもしばしば見られるのだ。

インバウンド、すなわち訪日旅行の需要が急拡大したことも一つの理由なのだろう。グローバルな価格競争に日本の宿も影響を受け始めている。

外資系とはいえ、多言語対応しており、日本語で利用できるのでとくに不都合はない。強いていえば、トラブル発生時の対応に若干の不安は付きまとうものの、それは国内の大手サイトがしっかりし過ぎているがゆえ、相対的に気になるというレベルだ。

なにより、価格の安さが際立っている。頻繁にセールが行われたり、割引クーポンが配られたりしており、驚くほどお得に予約できることもある。一泊あたり千円、二千円程度でも正直大きな違いだし、運が良ければ何千円も安く泊まれたりもする。

同じ宿に安く泊まれるとなれば、そちらになびくのが道理というものだ。

実は安いホテル公式サイトからの予約

グーグルマップで宿探しを行い、いくつか目星を付けたとする。そのまま一覧表示される中から最安値の予約サイトで予約してもいいが、自分の場合はその前にホテルの公式サイトへのリンクもクリックする。そこがどんなホテルなのか知りたいことに加え、念のために公式の価格をチェックしたいからだ。

日本各地でホテルを泊まり歩く中で、次のような内容の張り紙をよく目にした。エレベーターの中などによく貼ってある。

「公式サイト最安値保証」

文言はホテルによって多少異なるが、意図するところはすべて同じだ。公式サイトから予約した方が安いんですよ、だから次回からは公式サイトもチェックして下さいね、といった趣旨の宣伝である。

中級以上のホテルならば、大半は公式サイト上に予約システムを設けている。実はそこから予約した方が安いというケースが多いのだ。まさに灯台下暗しである。

わざわざ予約サイトを経由せずとも直接予約した方が手っ取り早いし、ホテル側も無駄な仲介料を予約サイト側に支払わなくて済む。Ｗｉｎ－Ｗｉｎの関係になるわけだ。

予約サイト上では満室となっていても、公式サイトから検索すると部屋が出てくること

▲シングルを予約していても、空室の都合でツインルームを提供されることもある。一人で泊まるとどちらのベッドで寝るかは案外悩ましい問題だったりする（細かい話だけれど……）。

もある。細かなリクエストがある場合なども、直接予約した方が融通を利かせてくれる確率が高まる。宿の立場になって考えれば簡単に想像がつくことだ。建前としては「お客様は平等」だとしても、直接予約してくれたお客さんの方を大切に扱いたいのが本音だろう。

実際に宿泊時の対応が違うと感じた経験もある。地域では老舗の温泉旅館に宿泊したときのことだ。チェックイン開始時間よりもかなり早い到着にもかかわらず、すぐに部屋へ案内してくれて感激したことがある。そのときは大手旅行サイト経由よりも、公式サイトで予約した方が千円程度安かった。

もちろん、予約サイトにもポイントがたまるなどの利点はある。けれど、安くて対応もいいのであれば、自分は公式サイトを選ぶ。

お得度の高い穴場ホテルを探せ

公式サイトからの予約についてもうひとつ書くと、そもそもどこの予約サイトにも登録していないようなホテルも存在する。ネットからの予約方法は公式サイトのみというパターンだ。なんらかの理由があってそうしているのだろうが、実はこういう宿は当たりのことが多い。運良く見つけたら、僕は必ずチェックする。

例を挙げるなら、公営のレクリエーション施設のようなところは予約サイトではヒットしないことがままある。宿泊施設ではある一方で、地域の人たちの憩いの場になっており格安で日帰り入浴ができるような宿。「なんとかホテル」みたいな名前ではなく、よく分からないカタカナの施設名だったりして気がつきにくいのも特徴だ。

地方都市に多い、いわゆる「ハコモノ行政」の産物なのか、施設はやたら立派で、部屋もかなりいいのに宿泊料金がえっ？　と驚くほど安い。いわば穴場である。

ほかにもお得な宿情報を紹介すると、新規オープンやリノベーション直後のホテルを狙うのは必勝パターンのひとつだ。開業記念キャンペーンなどで割安に泊まれることが多いからだ。安いだけでなく、新しいだけに当然ながら綺麗だし、従業員のモチベーションが高く丁寧な接客を受けられるなど、いいことだらけだ。

たとえば、一人旅で使いやすい中級クラスのビジネスホテルならば、近隣のほぼ同スペックのホテルと比べて、千円や二千円は安い。タイミングが限定されるものの、東京や大阪、名古屋、福岡といった大都市に限っていえば、頻繁にホテルが新規オープンしており、いつ検索しても案外見つかったりする。

お得な宿には傾向があって、それは旅を繰り返すうちになんとなく把握できてくるはずだ。内容の割に料金の安い、コストパフォーマンスの高い宿を見つけた瞬間には思わずガッツポーズを決めたくなる。

温泉旅館ならスキマ時期を狙おう

お得な宿が見つかるかどうかは検索スキルに加え、運の要素も絡んでくる。そもそも、面倒という人もいるだろう。

自分で探すのが大変ならば、情報源を確保するのもまた有効な手段だ。それも、なるべく手間をかけずにお得な情報が自分のところに集まるようにできるとベターである。

情報源についてひとつ具体例を紹介すると、僕自身がよくチェックしているのは「トラベルズー」というサイトだ。登録すると、定期的にメルマガが送られてくる。お得な旅行情報を毎回二十件紹介してくれるのだが、魅力的な内容が多いという感想だ。編集部の人たちがプロの目線で厳選し、どれだけお得なのかコメント付きでまとめているのが特徴だ。僕自身そのお得さに惹かれ、実際に予約したことも何度もある。

トラベルズーではホテルのほか、航空券やツアーなど幅広く旅行商品を取り上げている。国内だけでなく海外旅行も扱う。国内の宿泊に限っていえば、オススメなのが温泉旅館のお得情報だ。一泊二日、二食付きで一万円以下は当たり前。それも、土曜や休前日でも同料金の宿が紹介されていたりして、これがかなり使えるのだ。

トラベルズーは旅行業界の知人・友人と話していると昔からよく話題になるが、一般的にはまだそれほど知られていないような気がする。どちらかといえば中・上級者向けかもしれないが、ほかには掲載されていないオリジナルのお得情報が多いのは確かだ。

温泉旅館に関しては、都市部のビジネスホテルやシティホテルとは傾向が少し異なる。たとえば、繁忙期とオフシーズンの料金差が大きい点は特徴といえるだろう。週末よりも平日の方が安いのは当たり前の話だが、温泉旅館はそれがとくに顕著なのだ。

それゆえ、日程をずらすだけで宿泊費が大幅にディスカウントできる可能性がある。土曜と金曜を比較しただけでも料金が結構違ったりするので、たとえば金曜に午後半休して旅に出るなども一つの手だ。

ハイシーズンの温泉旅館は高いだけでなく混雑している。風呂に浸かってゆったりのんびり過ごしたいなら、混んでいる時期はなおさら避けた方がいい。

第八章　旅の現場で役立つ知恵袋

何をするかは当日考えてもいい

旅の計画を事前にどこまで立てるべきか——。

これは人によりけりと言えるかもしれない。僕自身は結構いい加減な性格なので、ほとんど何も決めないまま出発当日の朝を迎える、なんていうパターンも茶飯事だったりする。けれど、同行者がいるならともかく、一人旅ならばまったく問題ない。

用意周到にプランニングしたとしても、予定通りに物事が運ばないことも多いのが旅というものだ。天候が悪化したり、お目当ての店が混みすぎていて入れなかったり、予期せぬ展開はいくらでも起こり得る。ならば、現場判断で対応するやり方の方がしっくりくる。

最低限、現地までの移動手段と宿泊場所さえ決まっていれば、あとはなんとでもなる。いや、場合によっては移動手段や宿泊場所でさえも当日に決めても間に合ったりする。そのときの状況や自分の気分に合わせて臨機応変に旅を組み立てていく。気ままな一人旅だからこそ可能な芸当だ。

どこへ行って何をするかを決めるにあたっては、まずはそこに何があるのかを調べることから始める必要があるが、これも当日でも大丈夫だ。移動中にスマホでリサーチすればいい。それに、いざ旅立ってからの方が情報の収集意欲が高くなる。

ネット以外の情報を得る手段としては、なんだかんだ言ってもガイドブックは参考になる。特定の情報をピンポイントで探す場合にはネットは便利だが、手がかりが何もない状態で闇雲にネットを眺めても時間の無駄だ。主要なガイドブックはいまは電子書籍化されているので、紙ではなく電子で読むようにすると荷物にならないで済む。

ほかにも、現地に着いてから観光案内所に立ち寄るのも自分としては常套手段だ。観光地やイベントのパンフレットをもらいつつ、スタッフの方に積極的に話しかけてクチコミの知識を得る。アナログ的な手法だが、実はネットで検索するよりも使える情報を得られることが結構多い。

状況次第ではあきらめる勇気も必要

事前にしっかり情報収集して旅プランを練るのは苦手だが、そんなものぐさな僕でも、これだけは必ず確認するというものがある。

それは、天気予報だ。なんだそんなことかと思われるかもしれないが、そんなことだからこそあえて強調しておきたい。これが超重要なのである。

行き先や目的によっては、天候は大きな意味を持つ。たとえば、海や山といった自然がお目当てなのに、雨に降られたりしたらガッカリするだろう。台風が接近していたり、大雪の予報が出ているところにノコノコと出かけていくのも考えものだ。

以前に長崎の教会群を観て回るという旅を敢行したのだが、そのときは朝から晩までずっと雨が降り続いて、正直へこたれそうになった。

長崎市内のメジャーな教会ではなく、わざわざレンタカーまで借りて、遠方にあるよりディープな教会を巡ろうと試みたのだ。教会内部の見学は問題ないものの、せっかくだから壮麗な外観を拝みたいし、できれば青空をバックにした写真も撮りたかった。

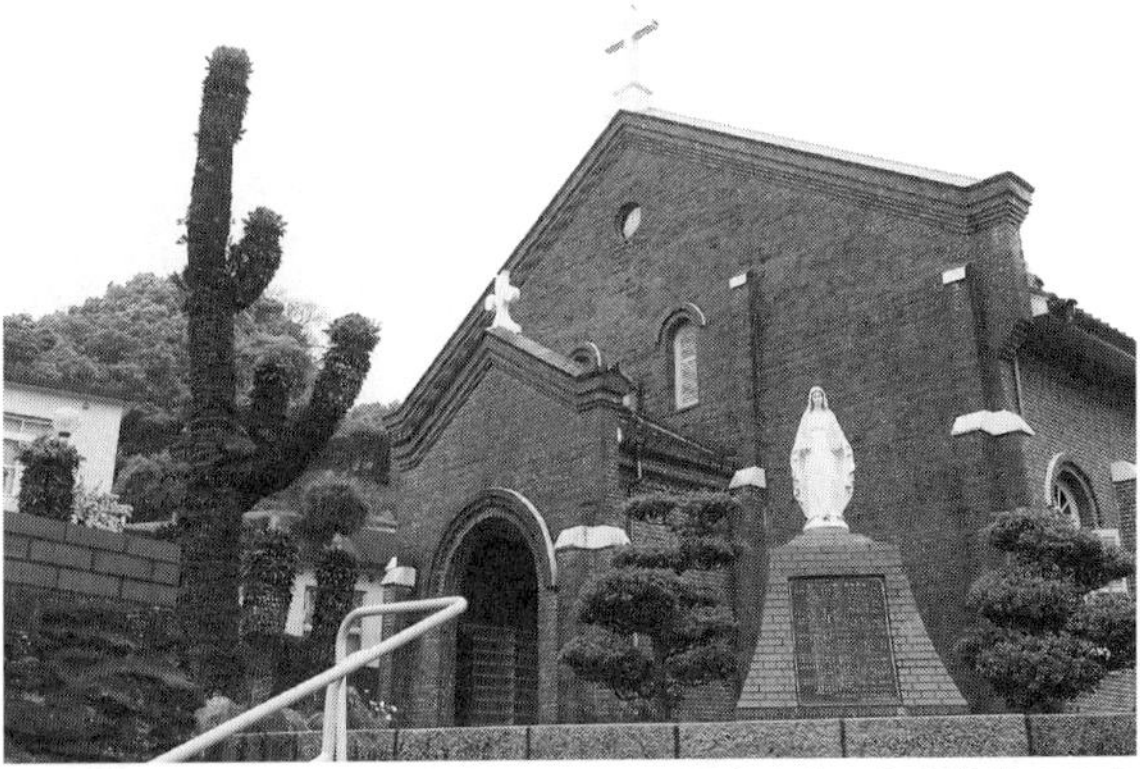

▲長崎のカトリック黒崎教会。こうして写真で見ると案外分からないが、雨がザーザー降る中で傘をさしながら撮影している。

ところが、傘をさしても濡れるほどの大雨である。靴もドロドロになった。すっかり意気消沈してしまい、予定を変更して途中で切り上げざるを得なかったのだ。

これればかりは運としか言いようがないが、事前に天気予報を見て想像できたことでもあった。雨が降るのを知ったうえで強行したのだ。結果、大失敗であった。

ときにはあきらめる勇気も必要——長崎での失敗体験で学んだのはそんな教訓だった。楽しみにしてきた旅行だからこそ心底悔しいのだけれど、柔軟に対応するべきだろう。

地元民オススメを最優先せよ

長崎旅行といえば、別の機会に訪れた際にもまた印象的なエピソードがあった。世界遺産に登録された大浦天主堂の近く。修学旅行生が行き交い、異国情緒漂う、長崎市内でも屈指のヒストリカルエリアを一人で歩いていたときのことだ。

「どこへ行くの？」

すれ違った老人に唐突に声をかけられた。ラフな恰好からして、見るからに地元のおじいさんという感じ。挨拶もなく、いきなり質問されたので戸惑った。

「ええと……、グラバー園に行こうかと」

僕が正直に答えると、おじいさんはうんうんと頷き、こちらが頼んでもいないのに道案内を始めた。

「グラバー園ね、そしたらこっちへ行ってみなさい。この道をずっと進むと、エレベーターがあるから。スカイエレベーターってやつ。この先だから」

と僕を促した。親切なおじいさんなのだが、このときは僕も別に道に迷っていたわけではない。話を聞きながら最初に思ったのは、おじいさんが教えてくれた道はグラバー園の入口があるのとは明らかに逆方向だなあということ。

それを確認しようとスマホを取り出すと、

「ああ、だめだめ。そんなの見ないで。この道をまっすぐ行けばいいから」

と、問答無用で自分のオススメコースをなぞらせようとする。

――いやはや、お節介なおじいさんだなあ。

と内心戸惑いながらも、逆らえる雰囲気でもなかったので、そのときは言われるがまま逆方向へと歩を進めたのだ。そして、これが結果的に大正解であった。

長崎は坂の街として知られ、丘陵地帯の斜面に街がつくられている。街歩きをするとなると、坂道や階段を上ったり下ったりしなければならない。

観光客からすれば新鮮な体験なのだが、住民にとっては不便なのも事実だろう。そこで、坂を上下移動するための斜行エレベーターがところどころに設置されているのだ。おじいさんが教えてくれたのは、それらのうちのひとつだった。「スカイエレベーター」と言っていたが、正式には「グラバースカイロード」という名称。

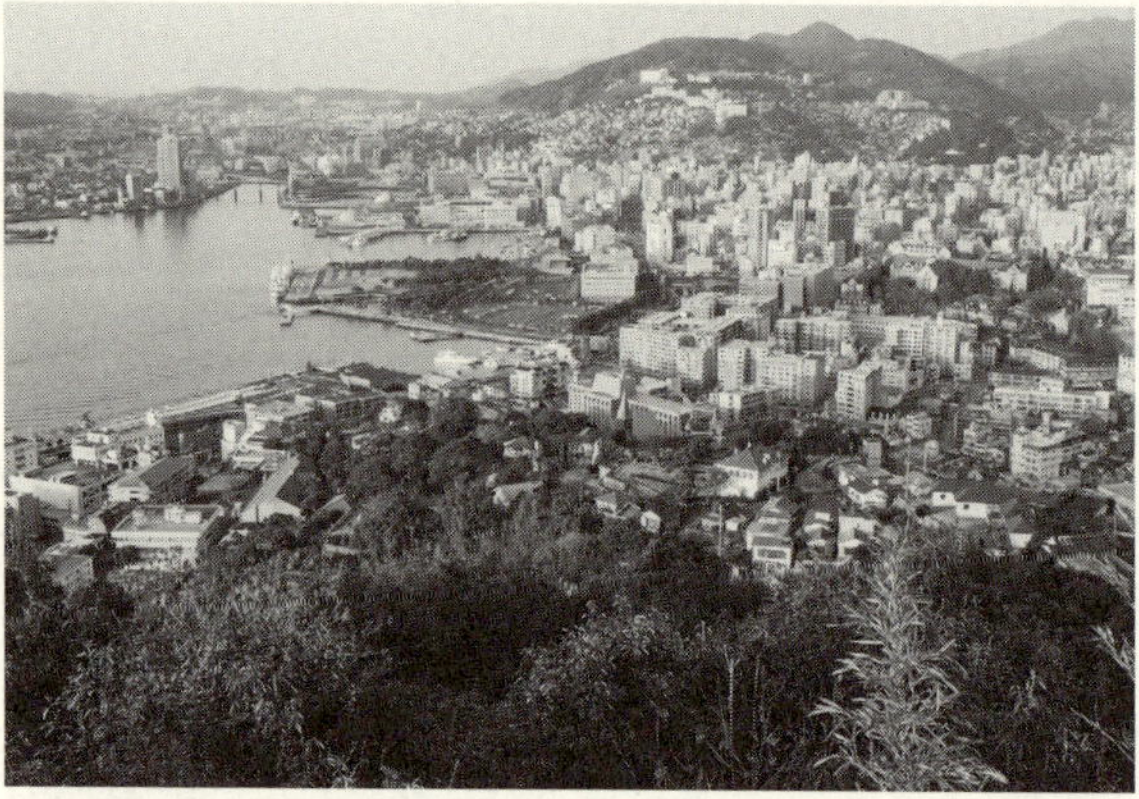

▲教えてもらった鍋冠山公園から撮った一枚。長崎の美しい街並みを一望できる絶景スポットだった。

目的地のグラバー園は広い敷地内に高低差があって、第一ゲートは最下層に位置するのだが、このスカイロードを経由することで、一気に最上層の第二ゲートへアクセスできる。急がば回れ、という言葉の通りだったわけだが、この斜行エレベーターという代物自体が僕にとっては珍しくて、思い出深い乗車体験になった。

さらには、この話には続きがある。エレベーターでたまたま一緒になった女性が、なんとまたしても頼んでもいないのに世話を焼いてくれた。

「あそこに見える山の上まで行くと、三百六十度の景色が見えますよ。稲佐山《いなさ》の上より海に近くて綺麗だから」

鍋冠山《なべかんむりやま》公園という、教えてもらったその展望スポットへも足を運んでみたのだが、これまた途轍もなく素晴らしいところだった。

「長崎の人はみんな親切なのだなあ……」

と感謝すると同時に、次のような旅の教訓を得た。

地元の人の言葉には耳を傾けるべし——そう胆に銘じたのだった。

一人ドライブはいいことだらけ

飛行機や列車での旅については、それぞれ章にまとめる形で紹介したが、ほかの移動手段はどうだろうか。具体的にはそう、車である。

マイカーはもちろんのこと、レンタカーやカーシェアリングなど手段は色々ある。都市部はともかく、地方を旅するうえではやはり車は便利だ。というより、日本を旅するなら、車がないと面倒なことも実際には結構多い。必須とまでは言わないものの、あった方が旅の幅が広がるのは間違いないだろう。

一人でドライブ旅行というと、なんだか寂しそうなイメージもあるが、実際にやってみるとこれが案外悪くない。いや、むしろ最高である。

好きなところへ行けて、好きなところで止まれるのがやはり最大の利点だ。まるで羽が生えたかのような開放的な気分に浸れるから、心ゆくまで自由を謳歌したいという一人旅の主旨にも合っている。

単なる移動手段ではなく、車の存在が旅を彩る演出のひとつにもなる。たとえば、自分は走行中に音楽をかけているのだが、これが心底幸せな時間である。同乗者がいないから、選曲に気を遣う必要はないし、音量もいつもより上げられる。

気分が乗ってくると、自然とサビのフレーズを口ずさんでしまう。歌詞を覚えている曲ならそのまま歌ってしまうことも多い。自分一人だけの車内空間だから、熱唱したとしても誰にも迷惑をかけない。一人ドライブが一人カラオケの機会にもなるのだ。

距離によっては自宅からマイカーで出発してもいいが、旅の拠点となる場所まで飛行機や新幹線などで移動した後に車を借りるのもセオリーだ。

郵便はがき

お手数ですが
切手を
お貼りください

1 5 0 - 8 4 8 2

東京都渋谷区恵比寿4-4-9
えびす大黒ビル
ワニブックス 書籍編集部

お買い求めいただいた本のタイトル

本書をお買い上げいただきまして、誠にありがとうございます。
本アンケートにお答えいただけたら幸いです。
ご返信いただいた方の中から、
抽選で毎月5名様に図書カード(1000円分)をプレゼントします。

ご住所 〒

TEL(- -)

(ふりがな)
お名前

ご職業

年齢 歳

性別 男・女

いただいたご感想を、新聞広告などに匿名で使用してもよろしいですか? (はい・いいえ)

※ご記入いただいた「個人情報」は、許可なく他の目的で使用することはありません。
※いただいたご感想は、一部内容を改変させていただく可能性があります。

●この本をどこでお知りになりましたか?(複数回答可)

1. 書店で実物を見て　　2. 知人にすすめられて
3. テレビで観た(番組名:　　　　　　)
4. ラジオで聴いた(番組名:　　　　　　)
5. 新聞・雑誌の書評や記事(紙・誌名:　　　　　　)
6. インターネットで(具体的に:　　　　　　)
7. 新聞広告(　　　　新聞)　　8. その他(　　　　　　)

●購入された動機は何ですか?(複数回答可)

1. タイトルにひかれた　　2. テーマに興味をもった
3. 装丁・デザインにひかれた　　4. 広告や書評にひかれた
5. その他(　　　　　　)

●この本で特に良かったページはありますか?

●最近気になる人や話題はありますか?

●この本についてのご意見・ご感想をお書きください。

以上となります。ご協力ありがとうございました。

一人でハンドルを握っていると、頭の中を色々な思考が巡り始めたりもする。改めて過去を振り返ったり、未来に思いを馳せたり。一人でのドライブ中は、考え事をするのにも最適な時間といえるだろう。

基本はレンタカーだが、状況によってはカーシェアリングの方が便利なこともある。そもそもの契約形態が異なるから単純比較はできないものの、レンタカーは借りる地域によって料金に差があるのは注意点だ。対してカーシェアリングでは、日本全国どこで借りても定額である。

レンタカー代が高い地域はもちろんのこと、駐車場代の高い都市部などでは、レンタカーを通しで借りるよりもカーシェアリングを要所要所に利用するやり方のほうがコストパフォーマンスが高かったりもする。

一方で、車ではなくバイクを借りるのもおもしろい。見晴らしのいい海岸沿いの道や、自然豊かな高原などを、体で風を感じながら走行するのは爽快だ。自動二輪の免許がない人なら原付でもいい。これぞ一人旅向けのプランだと思う。

レンタルバイクはレンタカーほど普及していないため、借りられる地域は限られる。

また多くの場合、車よりもバイクの方がレンタル料金は割高だ。でも、それでもあえてバイクを借りてみると、それだけで非日常体験が得られたりする。

軽いカバンと歩きやすい靴を

旅先で車を利用する場合には、必ず持参するアイテムがある。マグネット着脱式のスマホ・ホルダーだ。これまで色々試してきたが、自分は最終的にエアコンの通風孔にクリップで留められるタイプに行き着いた。言葉で説明するよりも、実物を見た方が早いので写真を載せておこう。

レンタカーにしろカーシェアリングにしろ、大抵はカーナビは標準装備されている。けれど、僕はそれは使用せずに、もっぱらスマホのアプリに頼っている。アプリの方が地図データが最新だし、操作性もいいからだ。車内でスマホをカーナビ代わりに使ううえで、そのマグネット式ホルダーが必要になる。

ほかにも旅の持ち物について、いくつか紹介しておくと、まず大事なのがカバン。

▲Amazonなどで1000円前後で買えるスマホ・ホルダー。角度を変えられるタイプが使いやすい。

実は僕はカバンを集めるのが趣味のようなところがあって、かなりの数のカバンを所持している。スーツケースなど、キャスターが付いた大きなものだけでも五種類以上は常備しており、置く場所に困るほどだ。街歩き用のカバンは数えきれないし、登山用、ハイキング用、撮影旅用など、旅の用途ごとに分けている。

大きなものから小さなものまでさまざまあるが、一人旅向けに限定してひとつだけ紹介するならば、最近とくに気に入っているのがモンベル社の「トライパック」だ。リュックのように背負える形状ながら、スーツケースのように全面開閉するので荷物

▲モンベル社のカバンは昔から愛用してきた。アウトドア・メーカーだけあってつくりは丈夫。価格が比較的手頃なのもいい。

の出し入れがしやすい。PC用のポケットが備え付けられているのもポイントだ。

一人旅のときにはLCCを利用することが多い。LCCだと荷物の預け入れが有料なので、基本的には預けずにすべて機内持ち込みにしている。その際、荷物の重量制限があるため、カバン自体をなるべく軽いものにしようという発想からこのカバンを選んだ。四十五リットルと三十リットルの二種類のサイズがあるが、一〜二泊ぐらいなら三十リットルで十分。僕も三十リットルのを使っている。

次に、靴についても紹介しておこう。旅行中はよく歩くから、足の負担を考慮して自分に合った靴を選びたい。

僕のお気に入りは、メレル社の「ジャングル モック」という靴。紐のない、スリッポンタイプのシューズとしては定番で、僕の周りの旅仲間たちにもこの靴を履いている人は多い。旅人界では昔から鉄板の一足だ。

この靴は基本的にはアウトドア向けで、ソールが厚いため多少の山道でも問題ない。それでいて、見た目がスニーカーほどラフではないので、都会で綺麗な恰好をしたいときでもギリギリ対応できる。

何より素晴らしいのが、その履き心地だ。着脱しやすく、長時間でも疲れない。もはやほかの靴は履けない体になってしまい、履きつぶしてもまた同じものを買う形で、かれこれもう十年以上履き続けている。

スマホではなくカメラで写真を撮る

旅道具について書こうとしたら、カバンと靴の話が真っ先に出てきた。痒いところに手が届く逸品や、ユニークな便利グッズなどではなく、基本的すぎるアイテムなので、なんだか地味な感じもするかもしれないが、基本は大事である。

そもそも、荷物は可能な限り少ない方がいい。無駄なものはなるべく持っていかないのが快適に旅をするうえでの鉄則である。

第二章で、衣類などは現地調達もアリだという話を書いた。手ぶらだと開放感があるのは確かだし、極端な話、財布とスマホだけあればいい。

気分的には「財布だけ」と言いたいところだが、現代の旅行においてはスマホは財布並みか、あるいは財布以上に重要である。

スマホがないと途端に非力になることは、僕自身もこれまで何度も経験している。スマホがないと地図が見られないし、調べ物ができない。自分がその日泊まる宿さえ分からない。あらゆる機能が手の平サイズの端末に凝縮されている。「あると便利」ではなく、「ないと困る」存在にいつの間にかなってしまった。

強いてスマホに取って代わられていないものを挙げるなら、自分の場合はカメラだろうか。写真撮影は、旅の最大の楽しみである。スマホでも十分に綺麗な写真が撮れるが、それでも画質や使い勝手はまだ専用機には劣る。

僕自身は、いわゆるミラーレス一眼と呼ばれるタイプのカメラを活用しているが、どのレンズを持っていくか考えるのはなかなか楽しい。行き先や、旅の目的に応じてレンズの種類を選ぶ。これぞ、スマホではなくあえてカメラを使う醍醐味といえる。

撮影三昧の旅をしていると、風景とファインダー越しに向き合う時間が多くなる。使うレンズによって景色の見え方そのものが変わってきたりもするため、自分なりに工夫していることがある。

旅の途中で意識的にレンズをチェンジしてみるのだ。画角が変わっただけで目線がガラリと変わり、不思議と世界が違って見える。

撮りたい写真があって、そのために必要なレンズを選ぶというのが普通の順序だが、この際どんな写真を撮りたいかは気にしない。とくに同じ街に連泊する場合などは、毎日違うレンズにすると、同じ風景でも変化が楽しめて効果的だ。

遠慮せずに食べたいものを食べるべし

一人だと、食事の際に誰かと料理をシェアすることはできない。あれもこれも食べたいと思っても、自分の胃袋の大きさには限りがあるわけで、そんなに数多くの種類を注文できないのだ。これは一人旅の弱点の一つといえるだろう。

とはいえ、食べたいものを我慢するのも癪《しゃく》だから、どうしてもという場合には割り切って多めに頼むこともある。

食べきれなかったら、残せばいい——と覚悟の上なのだが、そうまでして注文する料理は大抵は絶品だから、残すのが惜しくて結局完食してしまうのもよくあるパターン。

中には、こちらが一人なのを見て、一人前の分量にしてくれる気の利いた店もある。メニューには「二人前から」などと書かれていても、店の人に相談してみると案外対応してくれるものだ。

そもそも、一人だと挑戦しにくい種類の料理は存在する。たとえば、鍋料理はその筆頭だろう。みんなでワイワイ囲みながら味わうイメージが強いのだが、これまた遠慮せずに一人でも果敢に挑めばいい。

博多に昔から行きつけのもつ鍋屋があるのだが、最近オープンした支店では一人向けのカウンター席が新たに設けられていて感激した。そういえば、「一人焼き肉」などは近頃は専門店なんかもあったりして市民権を得ている。

鍋にしろ、焼き肉にしろ、一人だと気後れしがちなのは正直なところだが、端から多人数向けと決めつけず、一人にも対応している店がないか探す価値はある。

美味しい店はどうやって探す？

旅先での飲食店の探し方としては、自分はこれまたグーグルマップを活用している。「ラーメン」「寿司」「居酒屋」などをキーワードに検索すると、周辺の店が一発で表示される。地図上で見られるので、そこまでの距離や行き方も一目瞭然だ。ホテルを探すときとまったく同じ感覚である。

普段東京にいるときは「食べログ」などもよく利用しているが、旅行中は正直あまり役に立たないというのが率直な感想だ。地方へ行けば行くほど、ネットのクチコミサイトは使えなくなる。ユーザーが少ないのか、情報量が乏しくて比較しようがないのだ。情報が出てきたとしても、書き込んでいるのが都市部からの旅行者や出張者だったりして、観光客目線の投稿ばかりなのも残念な点。

もちろん、ネットではなく、リアルで情報収集するのも有効だ。手っ取り早いのはタクシーの運転手さんや、宿泊するホテルのスタッフなどに聞いてみる方法だろうか。その街で評判のいい店は、地元の人に教えてもらうのが確実である。

観光地で食事をする際には、極度に観光客向けと思しき店は避けるようにしている。場所柄、多少は仕方ないが、中には露骨にボッタクリ価格なところも存在する。

とくに要注意なのが、「横丁」「屋台」を売りにしたようなスポット。言葉からは庶民的な内容を想像するものの、地元の人たちが日常的に通う、昔ながらの横丁や屋台ではなく、あくまでも観光施設の一種として営業しているようなところ。

ハッキリ言って、いい思い出はない。簡素な佇まいのスペースで、出てくる料理もパッとしない。にもかかわらず値段だけは一丁前。全部の店がダメというわけではなく、

▲一人でも寛げる居酒屋を見つけられると幸せな気分に。

あくまでもそういう傾向があるという話ではあるが、個人的にはあまりオススメしない。

むしろ、ごく普通の居酒屋の方が満足度は高かったりする。初めての土地で一見《いちげん》さんで入店するのは最初は勇気がいるが、飲んでいるうちに馴染んでくるものだ。

カウンター席でちびちび飲んでいたら、隣の席のお客さんと意気投合したり、なんて心温まるエピソードも実際に珍しくない。

「これ、よかったら食べませんか？」

頼んだつまみが一人では食べきれない量だったので、隣の人にお裾分けしてみたら、それをきっかけに話が盛り上がったこともある。

お酒に関していえば、何気に重要なのが飲み始めるタイミング。安心して飲める場所を見つけて、気持ちよく酔いたい。旅行中ぐらいは無礼講だろうと、たまには昼間から飲むのもアリだろう。普段はやらないことをするのが旅の醍醐味である。

第九章　とことんワガママに旅しよう

自分にとっての「一番」を探そう

なぜ旅をするのかと聞かれたら、旅がしたいからと答えてきた。質問の答えになっていない気もするが、ほかに答えようがないのだ。旅をするのに理由なんていらない。行きたいから行く——シンプルでいいのではないか。

衝動に駆られるがまま旅に出られるのは、やはり一人旅ならではだ。ここまで再三にわたって書いてきたが、自由であることが一人の最大の利点なのだから、とことんワガママに行動した方がいい。

もし後ろめたさがつきまとうようなら、それはきっと旅を現実逃避と捉えているからだろう。人は歳を重ねれば重ねるほど、抱えるものが増えていく。家族や仕事など日常生活のしがらみを振り切って一人で旅立つとなると、大義名分を求めたくなるのは仕方ない。

旅に何らかの意味を見出したいのなら、自分の中で全体テーマのようなものを設定するのは一つの手だ。個別の旅ではなく、ライフワークとして旅を繰り返すうえでの共通理念のようなもの。ある意味、裏テーマと言ってもいいかもしれない。

たとえば自分の場合、「一番探し」を密かに旅の共通テーマとして設定している。

どういうことかというと、自分の中での旅のランキングだ。旅先で見聞きしたものをジャンルごとに格付けしていく。「一番美味しかったラーメン」「一番美しかった夕陽」など。ポジティブなものだけでなく、「一番寒かった街」「一番汚かった宿」なども案外おもしろい。誰かに披露するなら、そういう話の方がむしろネタになる。

「どこが良かったですか?」

というのは、旅をしていて一番多く受ける質問だ。同時に、最も答えにくい質問でもある。「どこが良かったか?」だけだとあまりにも漠然としているからだ。

そこで、そういう質問を受けた場合には、ジャンルごとに答えるようにしている。

「日本酒が一番美味しかったのは〜」

「紅葉が一番綺麗だったのは〜」

「方言が一番難しかったのは〜」

みたいな感じで、なるべく具体的に絞り込んだ方が相手は納得してくれるし、自分でも頭の中を整理できていい。

ランキングはあくまでも主観的なものである。当然ながら、旅をするうちに「一番」は随時更新されていく。というより、更新することこそが旅の動機にもなったりする。

自分にとっての一番を探すために旅をする。

生涯かけても追求が終わらないであろう、永遠のテーマである。

お気に入りの街を見つけ、再訪する喜び

旅をする中で「一番」と言えるほどの大ヒット要素に出合うと、そこが自分にとって忘れられない場所になる。中にはあまりに気に入ってしまい、繰り返し足を運びたくなるような街も出てくる。そういう場所を見つけられたら最高だ。

色々な人に話を聞いていて思うのは、行ったことのないところばかりを選んで旅をする人が案外多いということ。気持ちはわかるのだが、訪問済みかどうかに必ずしもこだわる必要はないというのが僕の考えだ。

▲2019年現在、個人的にお気に入りなのが佐賀県唐津市だ。この半年の間に四回も訪れている。歴史や文化があって自然も豊か。おまけに、呼子《よぶこ》のイカなど食べ物も美味しい。写真は唐津駅前に立つ唐津くんちの曳山（赤獅子）像。

スタンプラリーではなく、リピーター的な旅の仕方である。

同じ街を再訪するのは、知らない街へ行くのとはまた違った楽しみがある。同じ街だからといって、毎回同じような旅になることはまずない。二度目、三度目だからこそ得られる発見は当然あるし、訪れる季節や、訪れる時の自分の心境によっても感じ方は変わってくる。

見知った土地ならば、旅行先とはいえホームグラウンドのような感覚で滞在できる。何度も行くうちに、その街における定番コースが自然とできてくる。

「あの街へ行くなら宿は○○、ご飯は△△

で食べて、□□をお土産に買う」

いわば、自分にとっての鉄板スポットである。旅をするうちに、そういう場所が増えていくのもまた快感だ。地図アプリでスポットをお気に入り登録する機能があるが、喩えるならあれに近い。自分の中の白地図を埋めていくような感覚である。

土地勘ができると、居心地が良くなってくる。地図を見ないでも辿り着けるような馴染みの場所へ足を運ぶときに、懐かしい気持ちに浸れるのもまたいい。

「ああ、帰ってきたなあ……」

と、しみじみする。まさにリピーターならではの楽しみ方だ。

お気に入りの街が増えれば増えるほど、旅人としての人生が豊かなものになる。

おもしろそうな旅先はこう探す

行きたいところへ行くのが一人旅の基本だが、では、「行きたいところ」はどうやって見つければいいのか。

大切なのは日頃からアンテナを張っておくことだ。たとえば、たまたま目にした風景写真に心奪われて、「行ってみたいな」などという衝動に駆られたことはないだろうか。あるいは、友人や知人に「すごく良かったよ」とオススメされて興味を持つパターンなども考えられる。意識して探さずに受け身でいい。どこかにおもしろそうな旅先がないかなあという視点を持ちつつ生活していると、不思議と旅のきっかけは見つかるものだ。

などと書きつつ――せっかく本書のような旅の本を読んでくれているのだから、ここで旅先を見つけるうえでのヒントのようなものも少しだけ紹介しておきたい。

まず狙い目なのが、世界遺産の暫定一覧表に登録されているスポット。現時点では世界遺産ではないものの、将来的に登録される可能性がある観光地である。登録されると有名になり、途端に大人気スポットに様変わりしてしまう。ならば、混雑する前に先取りしてしまおうという発想だ。

世界遺産は格付けの一つにすぎず、必ずしもありがたいものではないとは思うが、価値を推し量る目安にはなる。暫定一覧表入りしているスポットは、正式登録を目指して観光に力を入れている点にも注目したい。ボランティア・ガイドが常駐していたり、駐

▲近場にもおもしろい場所はたくさんあるから「半日旅」もオススメ。たとえば、新百合ヶ丘が最寄り駅となる香林寺の五重塔。春は桜の名所となるが、あまり知られていないのか空いているのがいい。

車場が整備されていたりと、訪れる観光客にとっては居心地がいいのだ。

世界遺産のほかには、「日本遺産」も近年注目度が高まっている。地域の歴史的魅力や特色を通じて我が国の文化・伝統を語るストーリーを「日本遺産（Japan Heritage）」とするもので、文化庁が認定している。

公式サイトの説明によると、世界遺産とは趣旨が違うのだというが、旅行者視点からザックリ理解するなら世界遺産の日本ローカル版と捉えた方がわかりやすいし、事実そのように考えている人が多いようだ。知る人ぞ知る名所が発掘される契機の一つになり得る存在として、個人的には大いに期待している。

地方都市へ行くのであれば、その地にある美術館や博物館を巡ってみると、掘り出し物に出合うことがある。大都市のミュージアムのような派手さはないものの、その地出身の有名人に関する展示など、地元密着型で丁寧につくり込まれていたりする。

具体例を一つ挙げると、山形県酒田市にある「土門拳記念館」はとくに思い出深い。我が国を代表する写真家として知られる土門拳は同市の出身で、記念館では写真専門の美術館として氏の膨大な作品を収蔵している。

あとこれは東京や大阪近郊に住んでいる人に限られるが、旅の情報を収集するのに最適な場所があるので紹介しておきたい。各都道府県のアンテナショップである。傾向としては銀座や日本橋の周辺にとくに集中しており、物産品を販売するショップの中に情報コーナーのような形で併設されていることも多い。

各地域の観光案内所の出張所のような位置付けで、観光パンフレットや各種チラシ類が多数揃っている。ネットやガイドブックでは見つけにくい、細かい観光情報を得られる可能性がある。

ともあれ、広い日本には穴場の観光地はまだまだ沢山存在する。自分だけのとっておきのスポットを探しに旅に出たいところだ。

旅の感動をどうやって残すか

旅先探しに関連したトピックスとしては、近年ますます影響力が高まっているのがインスタグラムなどのSNSだ。少し前に流行った絶景ブームからの流れもあるのだと思う。いわゆる「インスタ映え」するかどうかが、人気観光地の基準の一つになっていることは、僕自身も日々旅していて痛感している。

一人旅ならばSNSに頼るのはほどほどでいいのではないか、という話は第二章でも書いた。せっかくの旅の思い出を不特定多数の人間にシェアするよりも、自分だけの秘密とするのがいいのではないか、というのも一つの考え方である。

沖縄の離島を旅していたときのことだ。ビーチに面したお洒落なカフェで食事をしていると、隣のテーブルにいた男性たちが、注文したピザの写真を撮り始めた。そのこと自体は珍しくない光景だし、かくいう僕自身も旅先で料理の写真は撮るタイプである。

ところが、その人たちのやり方は想像を絶するものだった。一枚、二枚撮るだけで満足するのではなく、時間をかけて延々撮影し続けていたのだ。アングルを変えたり、テーブルの上の食器の配置を変えたりしながら、真剣な表情でピザに向き合っている。

「せっかくの美味しいピザが冷めてしまいそう……」

傍《はた》から見ていて余計なお世話を焼きたくなってしまったほどだ。

そういえば少し前に原宿の人気アイスクリーム屋の、大量の食べ残し画像がニュースになったこともある。インスタ映えのために写真だけ撮って、食べずにポイッとする人もいるようだ。

なんてもったいないのだろうと唖然とするが、本人たちがそれでいいのなら部外者がとやかくいう筋合いはない。

旅の感動を記録するツールとして、ＳＮＳは有力な手段の一つであることは否定しない。写真や映像と共にコメントを投稿するだけで、旅日記の代わりになる。位置データから自動的に訪問した場所を紐付けてくれたり、ハッシュタグでほかの旅人と繋がれたりと、技術の進歩により便利な機能も盛りだくさんだ。

結局のところ、使い方次第なのだろう。SNSがあることで旅がさらに楽しいものになるのであれば、積極的に活用すればいい。逆にSNSに振り回されてしまうようなら、無理して使わずに旅行中は封印するのも全然アリだと思う。

自分なりのこだわりポイントを

SNSを活用するかどうかの判断もそうだが、旅というのはとにかく選択の連続だ。時間や予算が限られる中で、少しでも充実した旅にするためには、自分の中で優先順位を付けるようにした方が上手くいく。

といっても、難しく考える必要はない。要するに、自分なりにこれだけは譲れない部分、旅をするうえでこだわりたいポイントを明確にしようという話である。そうして旅の度にそれをフォローするようにしていると、やがて自分なりの旅の必勝法のようなものが確立されてくる。

例として僕が意識していることを紹介すると、宿泊しているホテルでの朝食のエピソードなどはわかりやすいかもしれない。

一人旅で泊まるような宿では、朝食はビュッフェスタイルというケースが多いが、僕は朝食がビュッフェならなるべく一番乗りを目指すようにしている。七時スタートなら遅くても六時五十五分には食事会場の前で待機し、オープンと同時に乗り込む。

なぜかというと、朝イチは気持ちがいいからだ。まだ誰も手を付けていない、盛り付けられたばかりの大皿から料理を取る瞬間に浸れる優越感がたまらない。逆に遅れていくと、一部のお皿は空になっていたりして悲しい思いをすることもある。補充してくればいいが、なくなったらその料理はおしまいということも実際にはよくある。

旅行中は早起きするに越したことはない。前の晩に夜遅くまで飲んでいたとしても、朝はダラダラせずにスパッと切り替える。温泉や大浴場のある宿ならば、日の出と同時に起きて朝風呂を堪能するのもこのうえない贅沢だ。

こうして書いてみると、我ながらものすごく些細な話で気恥ずかしくなったが、こだわりなんてきっとそんなものだろう。他人からしてみればくだらないようなことで構わない。むしろ、些細なことでいいのだ、と開き直ってみる。

第十章　たとえばこんな一人旅

最終章となる本章では、一人旅の具体的な事例をいくつか紹介する。いずれも、筆者である僕自身が実際に体験したエピソードを踏まえたもので、

「たとえばこんな一人旅はどうだろうか?」

という提案である。

旅の目的はいつも違う。美しい自然に目を細めたり、史跡を訪れて知的好奇心を刺激されたり。美味しいものに目がないから、ご当地グルメは精力的に食べ歩くし、地酒やワインなども味比べがしたい。追い求めるテーマに一貫性はなく、我ながら欲ばりだなあと自覚するが、気楽な一人旅なのだから、そのときどきの気分に合わせてやりたいことをすればいい。

強いて意識していることを挙げるなら、季節感は大事にしている。これは海外旅行とは違って、日本国内の旅ならではといえるかもしれない。春夏秋冬の四季折々の風情を感じられるような内容にできると、旅の満足度が高くなる。

そこで今回は、季節ごとに事例を整理することにした。各季節二つずつ、計八つの旅を紹介している。一人旅の計画にあたって参考になれば幸いだ。

【冬】一〜二月頃
初旅はミステリーツアーで運試し（道後温泉）

新年一発目の旅というだけで、なんだかありがたいものに思えてくる。いうなれば、初旅である。初詣や初夢、初日の出、初売りなどなど、「初」が付くだけで俄然喜ばしい雰囲気が漂うのは不思議だ。旅始め、などと表現してもいいかもしれないが、こちらは仕事始めと似ているからいささか抵抗も覚える。

とにかくまあ、景気づけのような意味合いを持つ旅と言っていいだろう。

「今年もたくさん旅をするのだ！」

と、声高らかに宣言しつつ、ガツーンと勢い良く飛び出したい——のだが、実際にはまだまだ正月ボケが継続中の時期で、落ち着きのない浮ついた心持ちでいたりもする。

結果、ガツーンというよりはユルユルという形容が似合いそうな旅になるのも毎年のことである。

ある年の初旅の行き先が松山に決まったのは、自分の意志によるものではなかった。ＪＡＬが提供している「どこかにマイル」という航空券がきっかけだった。行き先を自分では決められない、ミステリーツアーのようなサービスである。運試し要素が強いから、初旅にはうってつけと言えるかもしれない。

その最大の魅力は、わずか六千マイルで往復の特典航空券が入手できること。通常の特典航空券は往復一万二千マイルからなので、かなりお得である。

どこかにマイルでは、日程と人数を入力すると、自動的に行き先の候補が四箇所表示される。日本全国のＪＡＬが就航している空港の中から選ばれた行き先候補である。

おもしろいのは、この四つの候補はリロードできること。同じ条件であっても、検索する度に違う候補が表示される。何度も再検索することで、ある程度は自分が行きたいと思える場所に絞り込めるのだ（一日あたりのリロード回数には上限がある）。

申し込みをすると、数日以内に四箇所のうちのどこかに行き先が決まる。このときは釧路、出雲、松山、広島の四箇所が候補だったが、結果的に松山に決まった。

サービス内容を聞いたとき、僕はサイコロの目で行き先を選ぶ某テレビ番組の企画が

▲道後温泉までは、レトロな路面電車に揺られながら訪れるのもまた風情がある。

頭をよぎった。ノリとしては、まさにあんな感じだ。運まかせな旅に誰かを付き合わせるのも気が引けるし、どちらかといえば一人旅向けと言えるかもしれない。

ともあれ、突然決まった松山行きである。

「愛媛県かあ……ミカンが美味しそうだなあ」

運命的なものを感じつつ、まず考えたのはそんなことだった。我ながら食い意地が張っているというか、発想がベタだよなあとは自覚するのだが、ちょうど柑橘類が美味しい季節であることは確かだ。

「松山といえば、道後温泉もいいなあ」

続いて、具体的なスポットが思い浮かん

だ。四国を代表する温泉街は、松山からすぐの距離。路面電車でアクセスするのがまた風情たっぷりで、旅心が盛り上がるのだ。

結局、その旅では道後温泉の旅館に泊まった。日本屈指の由緒正しきお湯に浸かってぬくぬくしながら、本場のミカンの皮をむきむきする。旅のキーワードは——ぬくぬく、むきむき。これぞ真冬ならではの贅沢と言えそうである。

【春】三月頃
花粉症から逃避する南国旅（沖縄）

那覇でレンタカーを借りて、単身ドライブ旅へ出かけたのは三月初旬のことだった。借りた車がビビッドな赤色ボディで、青い南国の空に映える。レンタカーやカーシェアリングをするときは、車種だけでなく色で選ぶのもまたオススメだ。

高速道路に入り、車を北へと走らせていくと、「Ｋｅｅｐ Ｌｅｆｔ」「60㎞／ｈ ｓｐｅｅｄ ｌｉｍｉｔ」といった英語の標識がやたらと目につく。漢字でもパッと見、何と読めばいいか分からない地名も多く、併記された英語のローマ字読みを見てへええと唸らされる。たとえば「金武」が「きん」であるとか、知らないとまず読めないだろう。日本国内とはいえ、異国情緒のようなものを感じられるのは沖縄ならではだ。

沖縄旅行といえばやはり夏が人気だが、オフシーズンのこの時期も案外悪くない。というより、実は密かに狙い目ではないかとさえ思っている。

暖かい南の島とはいえ、さすがに冬場はいくらか冷え込む。海開きもしていないので、ビーチリゾートを楽しむわけにもいかない。

けれど、沖縄の魅力は別に海だけではないはずだ。島ならではの独自の文化に触れたり、ご当地料理を堪能したりと過ごし方は多彩。琉球王国時代の歴史遺産やマングローブの森のような自然豊かな景観など、見どころもやたらと充実している。

個人的には、沖縄へ行くとなるとくに楽しみなのが飲み歩きだ。オリオンビールで乾杯し、島らっきょうやてびち、ゴーヤチャンプルーといった島グルメを心ゆくまで味わう。泡盛を手に、一人でしんみりと過ごす夜はたまらない。飲んだ後のシメは沖縄そばである。こういう過ごし方なら、訪れる季節は関係がない。

▲沖縄へ飲みに行く。リピーターならではの過ごし方だ。

そもそも一人旅である。ビーチなんて周りがカップルや家族連ればかりだし、「一人で海ねえ……」と、尻込みしてしまうのも正直なところだ。それよりも、島の中を気ままに観光したり、酒場を飲み歩く方が素直に楽しめる。

海を目的としないのなら、むしろ季節外れの方が好都合である。なんといっても、空いている。飛行機やホテルなどはほぼ選び放題。それでいて、夏に旅するよりもグッと安い。夏と冬でコストパフォーマンスに違いが生じるのも沖縄旅行の特徴だ。

冬の沖縄が冷え込むといっても、本州とは比べものにならないほど暖かい。到着して空港の外に降り立った瞬間、「あたたかいっ！」と思わず叫びたくなるほど。気温差が大きくなるこの時期の方が、南国のありがたみを実感できるのだともいえる。

さらには、沖縄へ行くと花粉症から逃れられるというメリットもある。人にもよるだろうが、自分の場合、結構重症なのでこれは超が付くほど魅力的だ。

沖縄滞在中は、レンタカーがあると行動範囲が広がる。利便性だけでなく、ドライブ向けの土地である点にも注目だ。ハンドルを握って、車窓から景色を眺めているだけでも旅気分が高揚してくる。

沖縄ドライブの際には、ローカルのファストフード「A＆W」のドライブインに立ち寄り、ルートビアを走行中の飲み物として購入するのも我がお約束のひとつ。甘い物が食べたくなったら「ブルーシール」のアイスという手も。そうして日が暮れる頃には那覇へ戻り、お待ちかねの一人居酒屋というのが黄金コースだ。

【春】四～六月頃

古都を目指すなら桜が散ってから（京都）

京都の旅行シーズンといえば、人気なのは桜や紅葉の時期だろう。歴史ある神社仏閣が雅な自然に彩られる様は、和の風情たっぷりで確かに絵になるが、一方で混雑しすぎて旅するのが大変なのも事実。

「桜の時期は来ない方がいいよ」

京都で宿を経営している友人に、そんなことを言われたこともある。これらの時期は宿も軒並み満室となり、近隣の大阪などに泊まりながら、日帰りで京都を往復する人も珍しくないほどだ。ある意味、お祭りの一種と割り切れるならいいが、個人的には京都に限っていえば空いているときの方が断然好きだ。

では、いつ頃がベストなのかと考えてみると、ちょうど桜が散った直後から梅雨入りするぐらいまでの期間――四月後半から五月頃は、京都を旅するのにいいタイミングで

▲葵祭前日の下鴨神社。新緑の美しさに目を細めた。

はないかと思う。騒がしかった花見客がいなくなり、古都が静けさを取り戻す。天候は安定しており、気温も暑すぎず寒すぎずで非常に過ごしやすい。

新緑の季節と重なるのもポイントだ。芽吹いたばかりの木々が織りなす、生命力漲《みなぎ》る自然を愛でる行為もまた寺社巡りと相性がいい。昨今は「青もみじ」などと称して、この季節の観光もＰＲしているようだが、確かに紅葉とはまた違った美しさがある。

京都三大祭りのひとつである「葵祭《あおいまつり》」も毎年五月十五日と、この季節に行われる。御所を出発した行列は下鴨《しもがも》神社を経て、上《かみ》賀茂《がも》神社を目指す。コースは京都市内でも割と北の外れの方で、四条あたりの繁華街とは違ったのどかな雰囲気なのもいい。

京都へ行くなら手っ取り早いのは新幹線だが、料金が高い。そこで旅費を節約したいときに僕がよく利用しているのが「ぷらっとこだま」だ。ＪＲ東海ツアーズが提供しているもので、普通に切符を買うよりも安く新幹線に乗れることは第六章でも紹介した。

ほかにも京都へ行くのならば、高速バスも案外悪くない。僕は何度か乗ったことがあるが、東京から片道三千円程度と格安だった。もちろん新幹線と比べると時間はかかるが、夜行便に乗って寝ているうちに移動する手もある。

いずれにしろ、京都へ行くなら空路ではなく、陸路の方が気分が盛り上がる。大阪まで飛んで伊丹や関空経由でアクセスする手はあるが、そうすると遠回りだ。やはり東海道に沿う形で西進する方が、「上洛」している実感が湧いてくる。

京都旅行の難点は物価の高さだ。我が国を代表する古都は日本一の観光地でもあり、正直なところ色々なものが割高な印象も受ける。それゆえ、高速バスを選ぶなど、ほかの旅先よりも移動費を節約したくなるのだ。

移動費以外にも、たとえば宿泊費なども節約対象である。京都には一流のホテルや旅館が集まっているから、予算があるなら迷わずにそれらを選べばいい。

逆に、ゲストハウスなどの安宿が多いのも京都の特徴で、僕自身はだいたいいつもこっちに泊まる。一泊二千〜三千円ぐらい。ドミトリー（大部屋）だが、たまにはほかの旅行者と打ち解けてみるのもおもしろい。土地柄、外国人旅行客も多かったりして、国際交流が期待できることも人によっては付加価値になるはずだ。

【夏】七〜八月頃
夏祭りで日本がおもしろいと知る（東北地方）

蝉がミンミン鳴き始める季節になると、ソワソワして仕事が手につかなくなる。待ちに待った夏旅のシーズンの到来である。海へ、山へと毎週末のように繰り出す日々。花火大会や夏フェスといった季節の風物詩系イベントも捨てがたい。年がら年中、旅をしているものの、自分にとって夏だけは別格だ。

毎年七〜八月頃になると、大好きな海外旅行でさえ控え気味になる。わざわざ外国へ出向くよりも、日本国内を巡った方が楽しいからだ。実はあまりにも夏旅への思い入れが強すぎて、『週末夏旅！』（平凡社刊）という本を以前に書いたりもした。

その本では、さまざまな夏旅の事例を紹介しているのだが、中でも一つ取り上げるならば、「夏祭り」はとりわけ大きなテーマだ。毎年夏になると必ずどこか夏祭りを訪れているが、その際はほぼ決まって一人旅である。

祭りというとみんなで参加した方が楽しそうに思えるが、会場は人が多いし、現地での行動は催し物のスケジュールが最優先となるから、小回りが利く単身の方が実は好都合なのだ。同行者を待たせたり、逆に待たされたりという心配もない。

自分が住んでいる地元で開かれるお祭りも気になるが、ここはやはり見知らぬ土地の独自色溢れる祭りを堪能したい。日本全国あちこちで年に一度の華やかな宴が催されるから、それらを観に行く、あるいは参加しに行く、という名目で旅に出るわけだ。まさに夏ならではの、季節限定の旅と言えるだろう。

では、どこへ、どんなお祭りを観に行くか。

これが実に悩ましい。でも、どこへ行こうかと思案を巡らすのも旅の醍醐味だ。

日本は広く、夏祭りと言っても星の数ほど存在する。一夏ですべての祭りを観るのは到底不可能なわけで、差し当たってはそのときに最も気になる祭りから攻めるのがベストだという結論に至った。やはり、行きたいところへ行くのが最良だ。

全国的に知名度の高いお祭りから、知る人ぞ知る奇祭まで、自分の関心の赴くまま節操なく参加してきた。そういう旅を続ける中で感じたのは、夏祭りには日本のおもしろさが凝縮されているなあということ。

郷土の風習や文化に根ざした伝統的なお祭りから垣間見られる地域性が興味深い。何十年、何百年といった昔から続く、歴史の長さにも圧倒される。お祭りは遺跡や絶景とはまた違った種類の観光対象なのだ。本来はその土地に暮らす人たちのためのものとはいえ、余所者《よそもの》の旅人だからこそ味わえる感動がそこにある。

あえてオススメの地域を挙げるなら、東北の夏祭りはとくに見応えがある。冬は豪雪地帯になるようなところだからこそ、短い夏を全力で楽しもうというアグレッシブな雰囲気が感じられるのもまたいい。

東北では青森のねぶた祭、盛岡のさんさ踊り、秋田の竿燈《かんとう》まつり、山形の花笠まつり、

▲八戸三社大祭。豪華絢爛という形容がこれほど似合う祭りもないかも。

仙台の七夕まつりなど日本を代表する伝統的な祭りが目白押しだ。いずれも甲乙付けがたいし、全部訪れた者としては外れなしと断言できる。

それら東北の夏祭りは日程的にだいたい七月下旬～八月上旬にかけて固まっている点は特筆すべきだろう。それゆえ、一度の旅で複数の夏祭りをはしごすることも可能だ。個人的には、あまり欲ばりすぎても飽きてしまうので、毎年どこか一箇所ずつ訪れるようなスタイルで通ってきた。いっそのこと、年に一度の恒例行事にしてしまうのも手だ。

ほかにもあまり知られていない祭りとし

ては、青森県八戸市の「八戸《はちのへ》三社大祭」も強烈にオススメだ。巨大な山車《だし》が祭り囃子にのせて街をパレードする。その豪華絢爛さはねぶた祭などのビッグネームと比べても決してひけを取らないほど。

お祭り旅のときには右手に団扇《うちわ》、左手にはビールが王道スタイルだ。日本人に生まれて良かったなあと、しみじみする瞬間である。

【夏】七〜九月頃
青春18きっぷでできるだけ遠くへ（大阪など）

東北へ夏祭りを観に行くときにも、よく利用するのが「青春18きっぷ」だ。きっぷが使える時期が、ちょうど祭りのシーズンと重なるため相性がいいのだ。

東京からだと東北へは普通列車を乗り継ぐやり方でも比較的アクセスしやすい。山形や仙台ぐらいまでなら、東京を朝出ればその日の夕方には辿り着ける。秋田へ竿燈まつりを観に行ったときも、途中に米沢で一泊して二日かけて青春18きっぷで向かった。

かなりの長距離なのでそれなりに時間はかかるものの、移動そのものを楽しむことが目的なので、やってみると不思議とこれがまったく苦ではない。

コツとしては、移動中の暇つぶしグッズを充実させるのがポイントだ。移動時間を趣味の時間にできると一石二鳥である。

具体的には、読書や動画鑑賞、ゲームなど。それも、ここぞとばかり大作に挑むのがいい。小説ならば前後編で千ページ越えの長編ものとか、動画はテレビアニメ作品を一クール（約十二話）まるまるとか、ゲームなら濃いストーリーのＲＰＧとか。

時間を忘れてはまれるような娯楽作品に没頭していると、実際の移動時間よりも体感時間はグッと短くなる。驚くほどあっという間に目的地に着いてしまい、

「もう少し乗っていたいな」

などと考えるほどだ。いずれにしろ、同行者がいる旅では不可能な、一人旅ならではの楽しみ方であることは確かだろう。

青春18きっぷの価格は五枚綴りで一万一千八百五十円。一人で使うとしたら、一日当たり二千三百七十円の計算だ。料金的には格安ながら、時間をたっぷり使ってスローな

▲青春18きっぷで大阪へ移動したあと、高速バスに乗り換えてその日のうちに淡路島まで行ったことも。写真は「淡路ごちそう館 御食国」。

旅を楽しむという意味ではむしろ優雅な部類に入る旅行スタイルといえる。

とはいえ、時間はお金以上に貴重だったりもする。そんなに暇ではないという人は、行きか帰りのどちらかだけ青春18きっぷにして、もう一方は新幹線や飛行機にするというのもアリだと思う。実は僕もこのパターンが多い。

ちなみに、行きか帰りなら、やはり行きに青春18きっぷを使うやり方の方が気分は断然盛り上がる。思う存分旅を満喫したあと、新幹線でサクッと帰宅する。「青春」なんてもはや遠い過去となった大人だからこそ可能な芸当である。

東北の夏祭り旅に活用するほかに、関西方面へ向かうのも青春18きっぷの定番コースだ。同じく朝に出れば、夕方には大阪に辿り着ける。以前にこの方法で甲子園球場へ高校野球を観に行ったことがあるが、あれもまた夏らしい旅だった。

青春18きっぷでの東京〜大阪間の移動では、何度も行ううちに自分なりにお約束もできてきた。たとえば、途中の静岡がやたらと長くてダレてくるとか。ランチは浜松で餃子というのがタイミング的にもちょうどいいとか。

大阪までは仕事の出張などで新幹線でアクセスすることも多いが、普通列車で移動することで色々と発見もある。米原からはJR西日本の管内になるのだが、車両の座席の背もたれが、進行方向に合わせて前後にガッチャンと動かす方式に変わったりして、ああ遠くへ来たんだなあと日本を横断している実感が得られるのもいい。

乗り降り自由な青春18きっぷだからこそ、宿泊地を決めずにブラリと旅するようなやり方もおもしろい。列車に揺られているとだんだん日が沈んできて、

「よし、今日はこの街に泊まろう」

とスマホで宿を探したり。一人旅だから、行き当たりばったりでも問題ないのだ。

【秋】十～十一月頃
お城と紅葉は日本らしいコラボ絶景（日光&上田）

木々が色づき始めると、いよいよ秋も深まってきたなあとしみじみする。夏の猛暑は遠く過ぎ去り、気温も日に日に下がっていく。行楽するには最適なこの季節に旅するなら、真っ先に候補に上がるのが紅葉の名所だ。

紅葉のいいところは、場所によって色づくタイミングにずれが生じるところ。春の桜とも似ているが、紅葉の方がさらにスパンが長い。北海道が九月の時点で早くも紅葉が始まる一方で、東京周辺では十一月中旬をすぎてようやく見頃を迎える。紅葉の進み具合を専用の情報サイトなどでチェックしつつ、旅のスケジュールに合わせてそのときどきで最良の場所を行き先に選べばいいわけだ。

紅葉するのが待ちきれないというときには、北上すれば先取りすることもできる。たとえば、日光などは関東圏内に位置しながら、東京近郊と比べて一ヶ月ぐらい早く紅葉が始まる。日光東照宮など世界遺産クラスの名所も観られるのも魅力だ。黄色や赤色に染まった神社仏閣はフォトジェニックで、見応えたっぷり。

日光といえば、関東近郊ではすっかり定番の旅先ではあるものの、だからこそ旅しやすい場所だとも思う。ＪＲではなく私鉄の東武鉄道でも行けるのも新鮮だし、もちろん車でもアクセスしやすい。ホテルや旅館の数が多く、予算や旅の目的に合わせて選ぶ楽しみもある。

ほかに、これまで訪れた紅葉の名所の中から一つ挙げるなら上田城はとくに思い出深い。戦国大名、真田氏の居城として知られる。大坂夏の陣で徳川家康を追い詰めた幸村のエピソードはあまりにも有名だ。元々は武田信玄の家臣だった真田家。武田滅亡後は独立し、信州の小大名ながらこの上田城に立て籠もって、徳川の大軍を二度も退けている。

そんな上田城では紅葉期間中に「紅葉まつり」なるイベントが開かれる。燃えるような真っ赤なモミジは、真田家のトレードマークである赤備えを彷彿させる。

僕は戦国時代が大好きで、子どもの頃から小説やゲームに夢中になってきた。数いる

▲ほかにも富士山＆紅葉という組み合わせなども。

戦国武将の中でも真田幸村は憧れの存在である。上田城へはかれこれ三回は訪れているが、城壁の上ではためく六文銭の旗印が見える度に、目頭が熱くなる。

歴史系スポットというのは、その地にまつわるエピソードだったり、人物に対する関心が大きければ大きいほど楽しめるものだ。たとえば、大河ドラマの舞台になった途端に、ゆかりの地へ観光客が大挙して訪れる現象などはわかりやすい例だろう。

「ああ、ここがあの合戦の舞台なのか」

などと感慨に浸れるのも、ドラマの影響で気分が盛り上がっているタイミングだからだったりする。

逆にいえば、興味のない人からしてみれば、歴史系スポットほど微妙な場所はないだろう。有名な場所だと聞いても、そのありがたみが分からないからピンとこない。

この手の名所では、人物の銅像――その地の偉人の像など――が立っているのもよくあるパターンだ。せっかく来たのだからと、その像の前で記念撮影したりもするのだけれど、後で写真を見て「この人……だれだっけ？」となるまでがお約束である。

そういう意味では、紅葉期間中は例外である。その地の過去を知らずとも、歴史に興味がなくても、純粋に風景の美しさを楽しめばいいからだ。

お城と紅葉の組み合わせは反則ではないかと思うほど麗しい。いかにも日本らしいコラボ絶景と言っていいだろう。

【秋】十一月頃
絶景&温泉を満喫するソロ・キャンプ（山梨）

キャンプ歴はかれこれ十五年ぐらいで、国内外あちこちでキャンプをしてきたが、以前はキャンプといえば仲間たちとワイワイ楽しむイメージが強かった。一人でキャンプをするようになったのは四十歳を過ぎてからのことだ。実際にやってみて、これはこれで非常に贅沢な旅であることにいまさらながらに気がついた。

ソロ・キャンプ、通称「ソロキャンプ」。これもまた一人旅の有力な選択肢である。

さらには、キャンプといえば夏のレジャーというイメージも持っていたが、これも偏見であった。秋から冬にかけての季節は、実はキャンプ向きだ。夏場に比べれば空いているし、一人の時間を静かに楽しむにはうってつけなのだ。夏は場所によってはむしろ暑すぎて、キャンプどころではないような気さえする。

この時期にソロキャンをするなら、ロケーションとしては山がいい。黄色や赤色に染まった紅葉真っ盛りのタイミングでテントを張ると、自然の美しさを心ゆくまで堪能できるだろう。

東京近郊であれば、狙い目はずばり山梨方面。山梨市にある笛吹川フルーツ公園から奥へ入ったところにある「ほったらかしキャンプ場」はめちゃくちゃ良かった。山の上に立地し、視界が開けているため、見晴らしがとにかく素晴らしい。

▲日が落ちる前に設営を終え、夕陽を眺めながら乾杯が最高のパターンか。

何より魅力的なのが、ここは絶景の露天風呂として有名な「ほったらかし温泉」に隣接したキャンプ場だということ。朝晩は冷え込むので、温泉であたたまることができるのは何事にも代えがたい魅力がある。

十一月後半にもなると気温はかなり低くなる。実行するなら、防寒対策はしっかり行いたい。マットは必須だし、シュラフも厚手のものを選ぶべしだ。やりすぎかなあと思うほど厚着するぐらいがちょうど良かったりもする。最近のトレンドとしては、大型のモバイルバッテリーを持参し、電気毛布などで寝る人も増えているのだとか。キャンプ場によっては石油ストーブを借りられるところもある。

一方で寒い季節は空気が澄んでいるため、綺麗な夜景が見られるのは利点だ。前述した公園は新日本三大夜景にも選出されたほどの美景で知られる。キャンプするだけでも最高なのに、絶景と温泉も付いてくる。自信を持ってオススメできる旅先だ。

近頃は冬キャンプがちょっとしたブームで、人気のキャンプ場は冬期であっても予約が取りにくくなっているのだが、この点でも実はソロキャンパーは有利である。区画サイトは埋まっていたとしても、フリーサイトなら入り込める可能性があるからだ。

キャンプの楽しみといえば、バーベキューおよび焚き火だが、これはソロキャンでも変わらない。一人用サイズの小さな焚き火グリルがＡｍａｚｏｎなどで安く売られているので、それを買っていくだけで山の夜が楽園と化す。お酒をぐびぐび飲みながら、炎がゆらゆらと煌めく様をボーッと見守るのは至福の時間である。

キャンプのときは、現地に着いてから地場のスーパーなどで食材を調達するのも醍醐味だ。一人旅ならば、ここぞとばかり奮発して高級肉に手を出すのもいいだろう。ちなみに山梨は言わずと知れたブドウの産地。途中でワイナリーに立ち寄って、夜のお楽しみとして地ワインを仕入れる、なんてプランも悪くない。

【冬】十二月頃
一人でもロマンチックにイルミネーション旅（札幌）

北海道は両親の出身地で、現在は実家も道内にある。そのため、個人的には特別馴染みの深い土地なのだが、帰省するのとは別に旅行先としても頻繁に訪れている。

北海道旅行の最大の特徴は、夏と冬とでまったく違ったものになることだろう。夏は涼しく、冬は雪深い。景観はガラリと変わるし、季節ごとの楽しみ方がある。

自分の場合、夏に北海道へ行くとしたら基本的に家族旅行。一方で、冬はほぼ必ず一人旅という形で区別している。とくに意識したわけではないが、気がついたらそういうスタイルになっていた。

北海道も沖縄同様、一般的には夏の方が人気だ。観光的には冬はオフシーズンなのだが、実は沖縄以上に冬に旅するのが魅力的な場所だと思う。

最大の魅力は、本州では決して見られないであろう雪景色だ。さっぽろ雪まつりや流氷など、北の大地ならではの季節の風物詩を観に行くだけでも価値のあるものになる。もちろん、夏場よりも旅行代金が安く済むという利点もある。

とくに、さっぽろ雪まつりはぜひ観に行ってほしい。大通公園を中心に巨大な雪像が立てられ、街はお祭りムードに包まれる。世界の三大雪まつりに数えられるほどで、そのスケールの大きさには何度行っても圧倒される。

強いて難点を挙げると、雪まつりは人が多い。会場内はもちろんのこと、期間中は札幌市内は全体的に混雑している。近年は海外、とくにアジア地域からの訪問客が激増しており、以前よりもホテルが取りにくくなった実感もある。

そこで代案としてオススメしたいのが、さっぽろホワイトイルミネーションだ。毎年十一月後半から十二月のクリスマス頃まで開催される、札幌のもう一つの冬のビッグイベント。会場は同じく大通公園である（他会場では二〜三月までの開催）。これまたかなり見応えのある大がかりな内容ながら、雪まつりと比べると比較にならないほど人が少ないので、ゆっくり見て回れる。

▲一人でイルミなんてむしろ贅沢だなあと思ったり。

「一人でイルミネーションか……」

などと後ろ向きな気持ちも最初はあったが、行ってみたらイルミネーションと一人旅は意外と相性がいいことに気がついた。写真が好きなのだが、三脚持参で撮り歩くのが最高に楽しいのだ。とっておきの美景を探して雪道を散策する。同行者がいたら、ライトアップの美しさにじっくり見惚れている余裕はなかったりするし……というのは負け惜しみではなく本心だ。

札幌市内で人気の寿司屋などへ行くと、途方もなく長い行列ができているのだが、一人ならばそこまで並ばずとも入店できたりして、そういう点も密かにメリットだ。

「冬はこっちに来ない方がいいよ」

うちの両親などは、よくそんなことを言う。北海道の冬の厳しさを舐めてはいけないということは理解できるが、それはやはり住んでいる者ならではの意見だ。雪なんてめったに降らない地域に住んでいると、豪雪の中に身を置く行為が非日常体験であり、興味深かったりする。ないものねだり、なのかもしれないけど。

あとがき　ニッポン旅行がおもしろい！

　飛行機に乗るときは、なるべく窓側の座席を指定するようにしている。景色を見たい、というほとんど子どものような理由からだ。

　以前は出入りのしやすさから通路側を選ぶことが多かったのだが、あるとき上空から見下ろした大地の麗しさに見惚れてしまった。海に囲まれた小さな島国でありながら、内陸部には山脈が連なり、起伏に富んだ地形を持つ。自然が豊かな一方で、平野部にはどこまでも田畑が広がり、都市部には高層ビルが立ち並ぶなど、高度な人の営みが垣間見られる。

「日本って、なんて美しい国なのだろう……」

と、思わずため息が出た。次の瞬間、この国をもっと旅しようと心に誓った。

　その当時は海外旅行ばかりしていた時期で、国内旅行を侮る気持ちがあったのも正直なところだ。言葉が通じない異国の地と比べると、刺激に欠けるのではないかと思い込んでいた。それが偏見にすぎなかったことを、改めて旅行者として我が国と向き合う中で僕は確信したのだった。

海外からの訪日旅行客の数は急増の一途を辿り、「過去最高」を毎年更新し続けている。初めて一千万人の大台に達したのが二〇一三年というから割と最近のことだ。それからわずか五年後の二〇一八年には三千万人を超えた。

ビザの緩和や円安など、ブームの要因は色々と挙げられるが、ひとまずはシンプルかつ素直に受け止めればいい気もする。

旅先として、日本が魅力的な国なのだ。少なくとも、僕はそう思う。

そうでなければ、これほどまでに世界各国からの旅行者を惹きつけないはずだ。政治的要因や経済的要因はあくまでもきっかけにすぎない。旅行しておもしろい国だからこそ、人が大挙してやってくるのだ。

これまでに、世界約九十カ国を旅してきた。世界一周旅行も計三回（周）している。そんな海外旅行好きな人間の目から見ても、日本ほど奥が深い国はなかなかないと断言できる。

東京や大阪のような大都市がある一方で、田舎へ行くと風光明媚な自然に触れられたりもする。たとえ同じ場所であっても四季折々の風情が楽しめるし、地域ごとに特色がハッキリしているから旅を繰り返しても飽きない。

ほかの国々と比較すると、もっと細かい利点もある。美点と言い換えてもいい。たとえば、治安の良さは特筆すべきだろう。スリや強盗のリスクに怯えることもなく、安心安全に旅できるのは何よりも誇れることのひとつだ。

飲食店はサービスの質が高いにもかかわらず、チップを求められることはまずない。衛生面については言わずもがなで、トイレはどこもピカピカである。列車などの公共交通機関は時間に非常に正確だし、たとえ一分でも遅延した暁には「誠に申し訳ございません……」と、しつこいぐらい謝罪のアナウンスが流れる。

一言でいえば、ちゃんとしている。

これほどストレスフリーな旅先は世界でも珍しいのだ。

海外旅行に対して、日本国内の旅行のことは「国内旅行」と呼ぶのが一般的だ。個人的には、そもそもこの呼び方に違和感を覚えることもある。

日本人にとっては「国内」になるから、「国内旅行」で間違ってはいないのだが、区別しなくてもいい気がするのだ。「タイ旅行」「フランス旅行」などと呼ぶのと同列の感覚で、「日本旅行」とでもする方がしっくりくる。

あるいは、「ニッポン旅行」という言い方もアリだろう。音の響きが美しいという理由で、実は僕はこの言い方が好みだ。

今回は「一人旅」という切り口で一冊にまとめてみたが、自分にとっては新しいチャレンジだった。これまで三十冊以上の著書を出してきたが、全編にわたって国内旅行、それもすべて一人旅というのは本書が初めてだ。

一人旅がいかに素晴らしいかについては、本編でたっぷり綴った。それゆえ、「あとがき」となる本項では、あえて違う視点から思うところを述べてみた。

——ニッポン旅行がおもしろい！

これもまた、伝えたいことのひとつである。

最後に謝辞を。ワニブックス編集の内田克弥さんには、同社の「半日旅」シリーズに続き、今回も大変お世話になりました。内田さんとのタッグでの次回作も既にもう執筆中なので、近々みなさんにお届けできればと思っています。ではまた！

二〇一九年二月十四日　　サガ、いや佐賀ブームが到来中　　吉田友和

泣かない一人旅

2019年4月25日　初版発行

著者　吉田友和

吉田友和（よしだ・ともかず）
千葉県生まれ。旅行作家。出版社勤務を経て、2002年、初海外旅行ながら夫婦で世界一周を敢行。2005年に旅行作家として本格的に活動を開始。国内外を旅しながら執筆活動を行う。ここ数年は、「自分の好きなタイミングで、行きたいところへ行って、やりたいことをする――」〝一人旅〟にも力を入れている。主な著書に、『3日もあれば海外旅行』（光文社新書）、『思い立ったが絶景』（朝日新書）、『世界も驚くニッポン旅行100』（妻・松岡絵里との共著、PHP研究所）、『東京発　半日旅』『京阪神発　半日旅』（ともに、ワニブックスPLUS新書）など。自身をモデルとし、滝藤賢一主演でドラマ化もされた『ハノイ発夜行バス、南下してホーチミン』（幻冬舎文庫）も話題に。

○写真　P88©カラー／P184©VELVETA DESIGN

発行者　横内正昭
編集人　内田克弥
発行所　株式会社ワニブックス
〒150－8482
東京都渋谷区恵比寿4－4－9えびす大黒ビル
電話　03－5449－2711（代表）
03－5449－2716（編集部）

装丁　小口翔平＋永井里実（tobufune）
ブックデザイン　橘田浩志（アティック）
本文写真　吉田友和
カバー写真　©awl images RM/amanaimages
地図　千秋社
校正　玄冬書林
編集　内田克弥（ワニブックス）

印刷所　凸版印刷株式会社
DTP　株式会社 三協美術
製本所　ナショナル製本

ISBN 978-4-8470-6621-4
ワニブックスHP　http://www.wani.co.jp/
WANI BOOKOUT　http://www.wanibookout.com/